地陪导游实务

主　编　董珍慧　海　潮

副主编　刘　芳　安敏杰　裴建宏

西南交通大学出版社
·成都·

图书在版编目（CIP）数据

地陪导游实务 / 董珍慧，海潮主编. -- 成都：西南交通大学出版社，2025.3. -- ISBN 978-7-5774-0210-9

Ⅰ．F590.63

中国国家版本馆 CIP 数据核字第 2024A1B040 号

Dipei Daoyou Shiwu

地陪导游实务

主编　董珍慧　海　潮

策 划 编 辑	张　波
责 任 编 辑	罗爱林
责 任 校 对	左凌涛
封 面 设 计	GT 工作室
出 版 发 行	西南交通大学出版社 （四川省成都市金牛区二环路北一段 111 号 西南交通大学创新大厦 21 楼）
营销部电话	028-87600564　028-87600533
邮 政 编 码	610031
网　　　址	https://www.xnjdcbs.com
印　　　刷	四川森林印务有限责任公司
成 品 尺 寸	185 mm × 260 mm
印　　　张	13.5
字　　　数	322 千
版　　　次	2025 年 3 月第 1 版
印　　　次	2025 年 3 月第 1 次
书　　　号	ISBN 978-7-5774-0210-9
定　　　价	39.00 元

图书如有印装质量问题　本社负责退换

版权所有　盗版必究　举报电话：028-87600562

PREFACE
前　言

　　旅游是传播文明、交流文化、增进友谊的桥梁。旅游业肩负着讲好中国故事、展现文化自信的时代使命，导游作为旅游服务链的核心角色，既是地域文化的解读者，更是城市形象的塑造者，其专业素养直接影响着游客对中国文旅图景的认知体验。

　　本教材聚焦地陪导游工作岗位，按照"项目引领、任务驱动"的教学理念，以"为旅游团队提供地陪全要素服务"为主轴，采用"活页式"新体例串联课程结构。本教材共有8个项目，每个项目设置特定的工作场景，由"项目引言—任务导图—学习目标—项目情景—具体任务—项目评价"等环节组成；每个项目设计若干典型工作任务，每个任务由"任务描述—知识储备—任务实践—典型案例—技能提升—知识检测"等学习活动构成。学生通过完成各项任务，掌握地陪导游工作岗位应该具备的各项技能。

　　本教材具有"结构化、模块化、灵活性、趣味性"等特点。教材配套相关微课、实训视频、题库等数字资源，以碎片化和多元化的形式呈现教材内容。在任务实施环节，设计自主实践内容，融入导游带团典型案例，供学生边学边思考边做，实现"做中学、学中想"，充分体现了"教、学、做"结合和理论实践一体化，使学习过程和工作过程相对接，使教材内容与岗位技能相对接，以培养学生的自主学习能力和实践操作能力，真正体现知行合一，学以致用。

　　本教材由董珍慧、海潮、刘芳、安敏杰、裴建宏等老师编写。董珍慧负责拟定大纲、前言，编写课程导言、项目一、项目二、项目三；海潮编写项目四、项目五；刘芳编写项目六；安敏杰编写项目七、项目八；裴建宏提供旅游企业典型案例、导游带团相关单据等。作者团队长年从事旅游教学与实践，均具有全国导游资格证，其中高级导游2名，中级导游1名，其导游实践工作经历为教材的编写奠定了坚实的基础。

本教材兼顾院校教学和旅游行业实用人才培养的需求，可作为高校旅游管理、导游专业教材，也可作为旅行社经营管理者、导游从业人员培训教材。

编写团队在编写过程中，与甘肃兰神国际旅行社有限责任公司开展深度合作，充分借鉴该社真实案例素材，在此致以诚挚谢意。此外，编写过程中还参考了诸多文献资料，因篇幅所限未能逐一列明，谨向所有文献作者及相关机构一并致以最衷心的感谢。由于"地陪导游"具有极强的综合性、实践性和复杂性，教材编写过程中难免有疏漏之处，恳请广大读者批评指正。

编　者

2025 年 3 月

CONTENTS
目 录

课程导言 001

项目一　准备工作 011
　　任务一　熟悉接待计划 013
　　任务二　落实接待事宜 020
　　任务三　知识准备 027
　　任务四　物资准备 031
　　任务五　形象准备 034
　　任务六　心理准备 037

项目二　按站服务 043
　　任务一　旅游团抵达前的业务安排 045
　　任务二　旅游团抵达后的服务 049
　　任务三　赴酒店途中服务 054

项目三　入住酒店服务 065
　　任务一　协助办理入住手续 067
　　任务二　介绍酒店设施 070
　　任务三　处理游客入住后有关问题 071
　　任务四　照顾行李进房 074
　　任务五　确定叫醒时间 076
　　任务六　带领游客用好第一餐 077

项目四　核对商定日期 083
　　任务一　核对商定日程的细节 084
　　任务二　商定日程可能出现不同情况的处理 087

项目五 参观游览服务 093
任务一 出发前的准备 095
任务二 沿途导游 099
任务三 景点导游服务 103
任务四 返程服务 110

项目六 游览中的其他服务 125
任务一 餐饮服务 127
任务二 购物服务 135
任务三 娱乐服务 142

项目七 送站服务 163
任务一 送行前服务 165
任务二 离店服务 169
任务三 送行服务 172

项目八 后续工作 185
任务一 处理遗留问题 187
任务二 结账、归还物品 189
任务三 接团小结 192

附 录 197

参考文献 210

课程导言

地陪导游是指受接待旅行社委派，代表接待社实施旅游计划，为旅游团（者）提供当地旅游活动安排、讲解、翻译等服务的工作人员。《导游服务质量》（GB/T 15971—2010）指出：地陪服务是确保旅游团（者）在当地参观游览活动的顺利，并充分了解和感受参观游览对象的重要因素之一。地陪应按时做好旅游团（者）在本站的迎送工作；严格按照接待计划，做好旅游团（者）参观游览过程中的导游讲解工作和计划内的食宿、购物、文娱等活动的安排；妥善处理各方面的关系和可能出现的问题。

项目导图

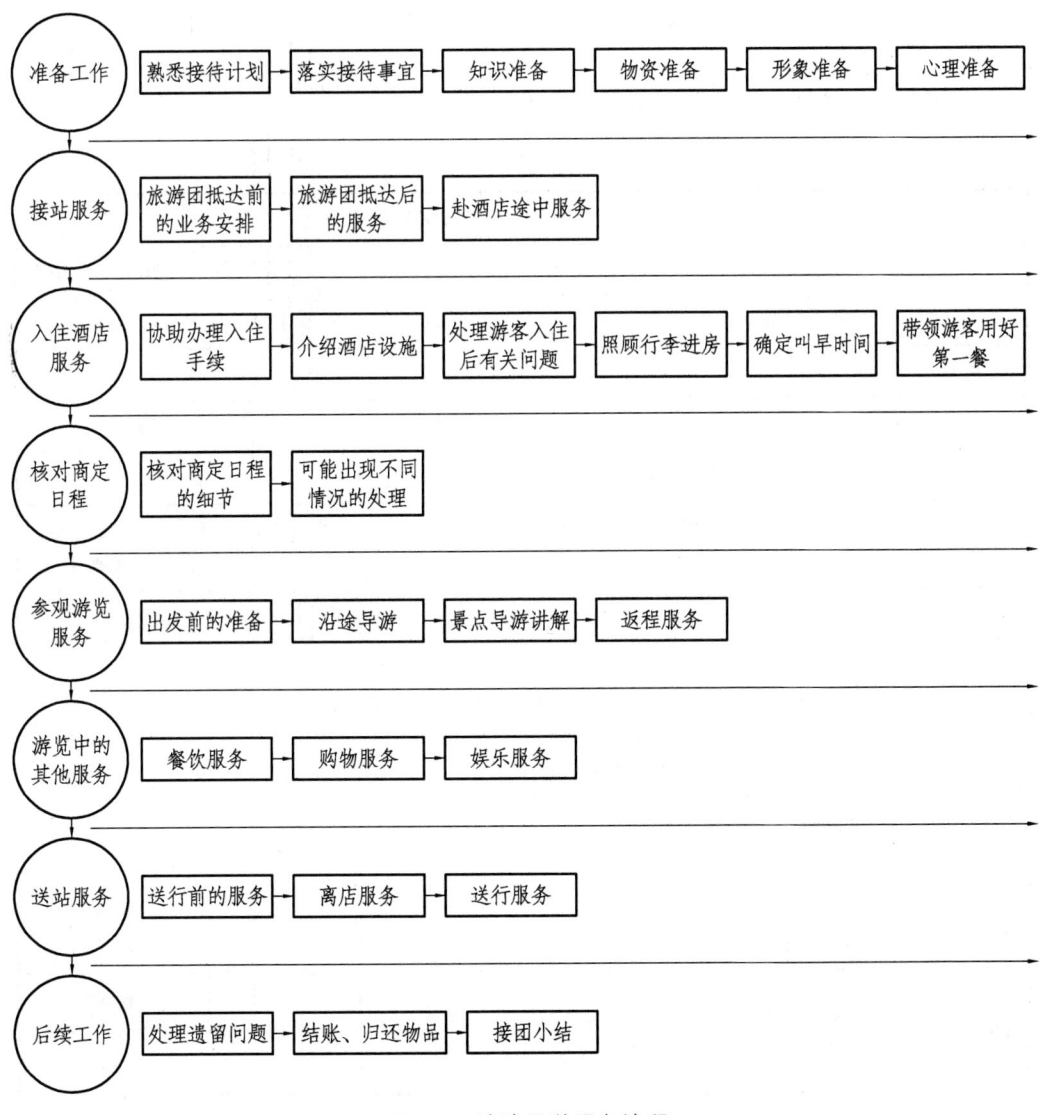

- 准备工作：熟悉接待计划 → 落实接待事宜 → 知识准备 → 物资准备 → 形象准备 → 心理准备
- 接站服务：旅游团抵达前的业务安排 → 旅游团抵达后的服务 → 赴酒店途中服务
- 入住酒店服务：协助办理入住手续 → 介绍酒店设施 → 处理游客入住后有关问题 → 照顾行李进房 → 确定叫早时间 → 带领游客用好第一餐
- 核对商定日程：核对商定日程的细节 → 可能出现不同情况的处理
- 参观游览服务：出发前的准备 → 沿途导游 → 景点导游讲解 → 返程服务
- 游览中的其他服务：餐饮服务 → 购物服务 → 娱乐服务
- 送站服务：送行前的服务 → 离店服务 → 送行服务
- 后续工作：处理遗留问题 → 结账、归还物品 → 接团小结

图 0-1　地陪导游服务流程

情景导入

时间：6月20日。

地点：YH国际旅行社。

人物：地陪导游小李。

事件：小李接到地接社YH国际旅行社通知：6月21日有一个16人的上海旅游团到达兰州，开启丝绸之路6日游的旅游行程。该团敦煌游览结束后坐动车前往西宁，由小李负责担任本次甘肃丝绸之路段地陪导游工作。

相关资料

地陪导游在旅行社领取的接团资料主要有以下几种，其中，"两单一表"（特指行程单、导游委派单和游客意见反馈表）是必须领取的接团资料。其他资料，旅行社会根据接团需要发放给导游。

1. 旅游接待计划（行程单、游客名单）。

行程单

线路名称	丝绸之路精华6日游		团号	DZ042团	人数	14大2儿童
导游	李××		发团日期	2022-06-21	送团日期	2022-06-26
操作计调	张三138××××××××			紧急联系人：李四139××××××××		
用房标准	8标准间					
用餐	含正餐		用餐备注	60元/位/餐		
旅游用车	敦煌万达车队：21座考斯特		全陪信息	王导136********		
线路特色	该线路以丝绸之路为主线，浓缩了关隘、驿站、长城、古城、寺庙等丝绸之路元素，是典型的丝绸之路科考旅游线路，是国际丝绸之路旅游线的重要组成部分					
日期	交通	丝绸之路6日游	早	中	晚	酒店
D1	汽车	兰州中川机场接机（航班HO1103），上午10：20到达中川机场T2航站楼。接机后入住酒店，午餐后，游览黄河百里风情线（中山桥、黄河百里风情线），甘肃省博物馆（1.5小时）	×	√	√	兰州（××假日酒店）
D2	汽车	早餐后，乘车前往武威约3小时，后游览"武威文庙"和"武威雷台汉墓"，乘车前往张掖入住	√	√	√	张掖（××宾馆）
D3	汽车	早餐后，游览"张掖大佛寺"和"张掖彩色丹霞"（绚丽丹霞地貌）	√	√	√	张掖（××宾馆）
D4	汽车	早餐后，前往嘉峪关（约2.5小时），游览"嘉峪关关城"（豪迈边关）—敦煌（约4小时）	√	√	√	敦煌（××沙州大酒店）

续表

日期	交通	丝绸之路6日游	早	中	晚	酒店
D5		早餐后，游览敦煌—鸣沙山月牙泉（大漠珍珠月牙泉）—莫高窟（艺术瑰宝）—晚上观看当地特色表演推荐（费用自理，3选1）（《丝路花雨》《敦煌盛典》《又见敦煌》）	√	√	√	敦煌（××沙州大酒店）
D6	汽车	早餐后，敦煌送动车至西宁接动车。 车次：D2739 敦煌—西宁 08：30—14：35	√	×	×	西宁地接社接站后开启下一阶段旅行
用餐	早餐：入住酒店含早餐。 D1兰州：午餐：兰州YF牛肉面（0931-1234×××）；晚餐：CT手抓（0931-8765×××） D2武威：午餐：凉州YX文化餐厅（0935-1234×××）； D2张掖：晚餐：MS卷子鸡（0936-8765×××） D3张掖：午餐：ZY老菜馆（0936-1357×××）；晚餐：七彩丹霞SY饭店（0936-9753×××） D4嘉峪关：午餐：LX聚会餐厅（0937-1234×××） D4敦煌：晚餐：SZH面馆（0937-8765×××） D5敦煌：午餐：QL素食（0937-1234×××）；晚餐：DHG鱼馆（0937-9753×××）					
备注	1. 景区小交通费用和行程中注明需要另付的景区自费项目。 2. 单房差：全程入住相应指定酒店双人标间，西北酒店多无三人间，如无人拼房，需补单房差；敦煌房况紧张，增减需提前。 3. 因交通延阻、罢工、天气、飞机机器故障、航班取消或更改时间等不可抗力原因所引致的额外费用。 4. 酒店内洗衣、理发、电话、传真、收费电视、饮品、烟酒等个人消费					
打印人	丁××	电话：156××××××××	传真：0931-81×××××			日期：2022-06-20

游客名单

序号	姓名	证件号码	性别	房间号	备注
1	王×	3101011970××××××××	男		
2	张××	3101011965××××××××	男		
3	赵××	3101041968××××××××	女		
4	陈××	3101041971××××××××	女		
5	章××	3101161981××××××××	女		夫妻
6	刘××	3101161980××××××××	男		
7	董××	3101011984××××××××	女		母女
8	潘××	3101162016××××××××	女		
9	黄××	3101161962××××××××	男		
10	陈××	3101161960××××××××	男		素食者
11	张××	3101161964××××××××	女		
12	李××	3101161968××××××××	女		
13	江××	3101041970××××××××	女		
14	云××	3101041970××××××××	女		
15	陈××	3101161982××××××××	男		父子
16	陈×	3101162013××××××××	男		

2. 导游委派单（盖章的纸质版或全国导游之家平台电子委派单）。

导游委派单

NO：

兹委派导游＿＿＿＿＿＿＿，证号＿＿＿＿＿＿＿＿，＿＿＿＿年＿＿＿＿月＿＿＿＿日至＿＿＿＿年＿＿＿＿月＿＿＿＿日，接待＿＿＿＿＿＿＿＿＿＿＿＿＿＿＿＿＿＿团，团号＿＿＿＿＿＿＿＿＿＿＿＿＿＿＿，一行成人＿＿＿＿＿，儿童＿＿＿＿＿＿，带团由＿＿＿＿＿出发，途经＿＿＿＿＿＿、＿＿＿＿＿＿、＿＿＿＿＿＿，到达＿＿＿＿＿＿＿＿。

导游电话：

旅行社联络电话：

导游签名：　　　　　　　　　　　旅行社签章：

　　　　　　　　　　　　　　　　年　　月　　日

说明：本表一式二份，旅行社、导游各持一份。

甘肃省旅游局旅游质量监督管理所制

全国导游之家平台——委派单

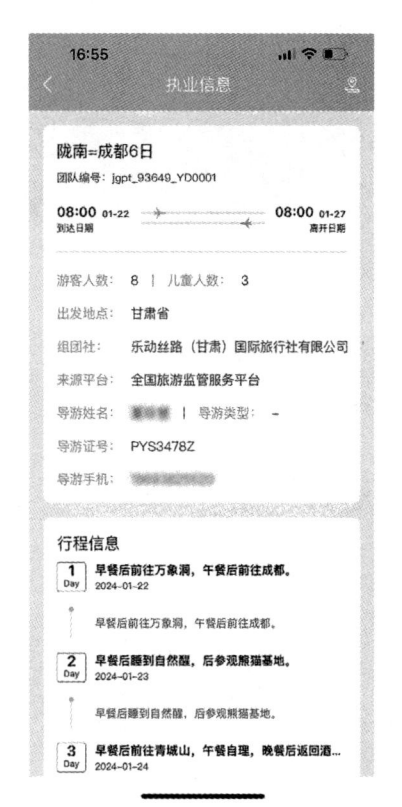

3. 游客意见反馈表（纸质版一般适用于接待旅游团队；全国导游之家平台评价表多适用于散客）。

全国导游之家游客评价页面

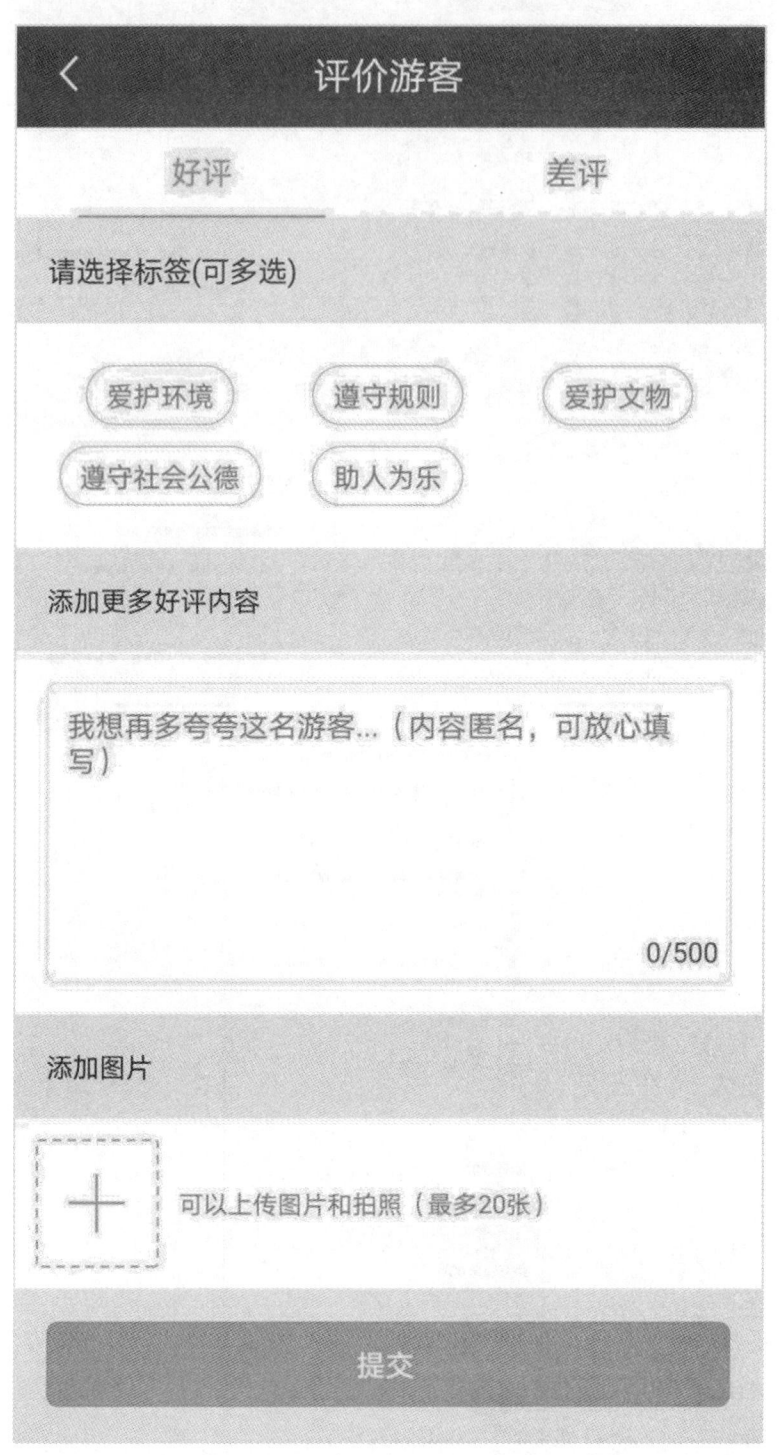

YH 国际旅行社旅游服务质量评价表

Tourism services quality evaluation　　　Table　NO.

_____ 旅行社很荣幸接待您，希望您对我们的服务提出宝贵意见，在此深表谢意。祝您旅途愉快、身体健康、一路平安！

总经理签名：

We, _____, feel honoured to be your host during your stay. You are kindly requested to give comments and suggestions on our service. We wish you a happy journey and good health!

Signature of the General Manager：

团名 Tour Code		国籍 Nationality		人数 No. of team	
导游姓名 Name of Guide		旅行社 Travel agency		司机 Name of Driver	

请您就以下各项给予评价 Please rate us on the following

项目	评价标准	优秀 Excellent	良好 Above Average	一般 Average	D 需要改善 Below Average
导游服务 Guide Service	着装仪表 Dress Instrumentation				
	语言水平 Language Proficiency				
	服务态度 Courtesy				
	安全提示 Safety Tips				
	购物安排 Shopping Arrangements				
汽车服务 Automotive Service	着装仪表 Dress Instrumentation				
	服务态度 Courtesy				
	汽车卫生 Automotive Hygiene				
	安全驾驶 Safe Driving				
餐饮服务 Dining Service	服务态度 Courtesy				
	就餐环境 Dining Surroundings				
	食物质量 Food Quality				
宾馆服务 Hotel Service	服务态度 Courtesy				
	清洁 Cleaning				
	设施 Facilites				

续表

项目	评价标准	优秀 Excellent	良好 Above Average	一般 Average	D需 需要改善 Below Average
景区服务 Spots Area Services	服务态度 Courtesy				
	讲解质量 Explaination Quality				
	景区秩序 Order in Scenic Areas				
	设施 Facilites				
其他意见 Other Comments					

投诉电话（Telephone complaints）：0931-8826860　　　Date:　　　年　月　日
客人（代表）签名：　　　　　联系电话：　　　　　地址：
Signature：　　　　　　　　Tel：　　　　　　　　Add：
说明：本表一式二份，地接社、组团社各持一份。

甘肃省旅游局旅游质量监督管理所制
Made by Tourism Quality Supervisory Auth Orities of GanSu Provincial Tourism Administration

4. 相关部门签单（凡是与旅行社有合作的景区、酒店、餐厅、车队、购物店等都可以签单，具体操作以旅行社的安排为准）。

YH 国旅订房签单　　　　No 0008900

团号		酒店名称		入住时间	年 月 日	一（白）留存　二（红）结算
人数						
用房房型	用房数量	特殊说明及备注		退房时间	年 月 日	
				酒店签字		
特别提示： 1. 本签单房费一律按照我公司房调的确认价格执行。 2. 本签单和我公司房调订房内容一致方可有效，如有疑问请打电话咨询：0931-1234××× 3. 如无我社团号视为无效。				导游签字		

YH 国旅订餐签单

餐厅名称		导游		团号	
计调					
签单时间	_____年_____月_____日_____时					
金额（大写）	（　　）人×（　　）元＝（　　）元					
费用总计			备注		

注：本签单按照我公司计调的确认执行。

YH 国旅景区结算单

年　　月　　日　　　　　　　　　　　No 0000353

景点名称			团　号		
项目		导　游		团队人数	
分项费用	全票： （　）全×（　）＝ （　）	半票： （　）全×（　）＝（　）		免票： （　）人	
费用总计				备注	

联存根（白）　二联景区（红）

YH 国旅购物签单

购物店名称		导游		团号	
计调					
签单时间	_____年_____月_____日_____时				
购物总额					
返点比例			签单总额		

注：本签单按照我公司计调的确认执行。

YH国旅用车签章　　　　No 0000353

团号：		车队名称：		用车于　年　月　日接团
用车车型：		司机姓名：		年　月　日接团
用车车型：		联系电话：		行程有无变更或增减：
详细行程				
车费已付金额：				车费未付金额：
司机签字：		导游签字：		签章时间： 　年　月　日
备注：①此单须与我社计调部车辆预订单传真相符合方可生效；②车辆运营过程中无任何投诉，且服务达标；③车辆所有对旅行社及旅游者的标准应当严格执行《包车客运合同书》及《旅游行业游客服务基本标准》					

第一联留存　第二联结算

5. 借款单（以旅行社实际安排为准）。

借款单

单位：YH国际旅行社　　　　编号：YH002

部门		借款人		职务	
款项类型	□现金　□转账　□网银　□支票			申请日期	
借款事由	本人因＿＿＿＿＿＿需要，特向公司申请借款，并保证专款专用。 门票： 餐费： 车费： 房费： 矿泉水： 借款人：　　　　　　　　　　　　　　　年　月　日				
报账日期	拾　万　仟　佰　拾　元			小写	￥
审批意见	财务核准： 年　月　日		财务审核： 年　月　日	部门审批： 年　月　日	领导批示： 年　月　日
会计		出纳		领取人	
填表说明	借款时一人一单，本单由会计室使用并管理				

项目一 准备工作

项目引言

　　导游带团时，必须持有旅行社下发的接待计划书或接待通知单，这是导游合法工作的前提。导游接到接待任务后，必须充分做好各方面的准备工作。这是导游人员顺利完成接待任务的重要保障，也是导游人员在接待工作中的基础性工作和头等大事。"凡事预则立，不预则废"，做好充分而完备的准备工作，可以保证导游在导游服务中掌握主动权，遇事可以做到心中有数，处变不惊，从而有计划、有步骤地开展各项服务工作，确保给旅游者带来满意的旅游效果。

　　地陪导游从接到旅行社下发的接待计划书开始，到前往接站地点之前，均为准备阶段。准备阶段的主要工作任务有：熟悉接待计划、落实接待事宜、知识准备、物资准备、形象准备、心理准备等。

任务导图

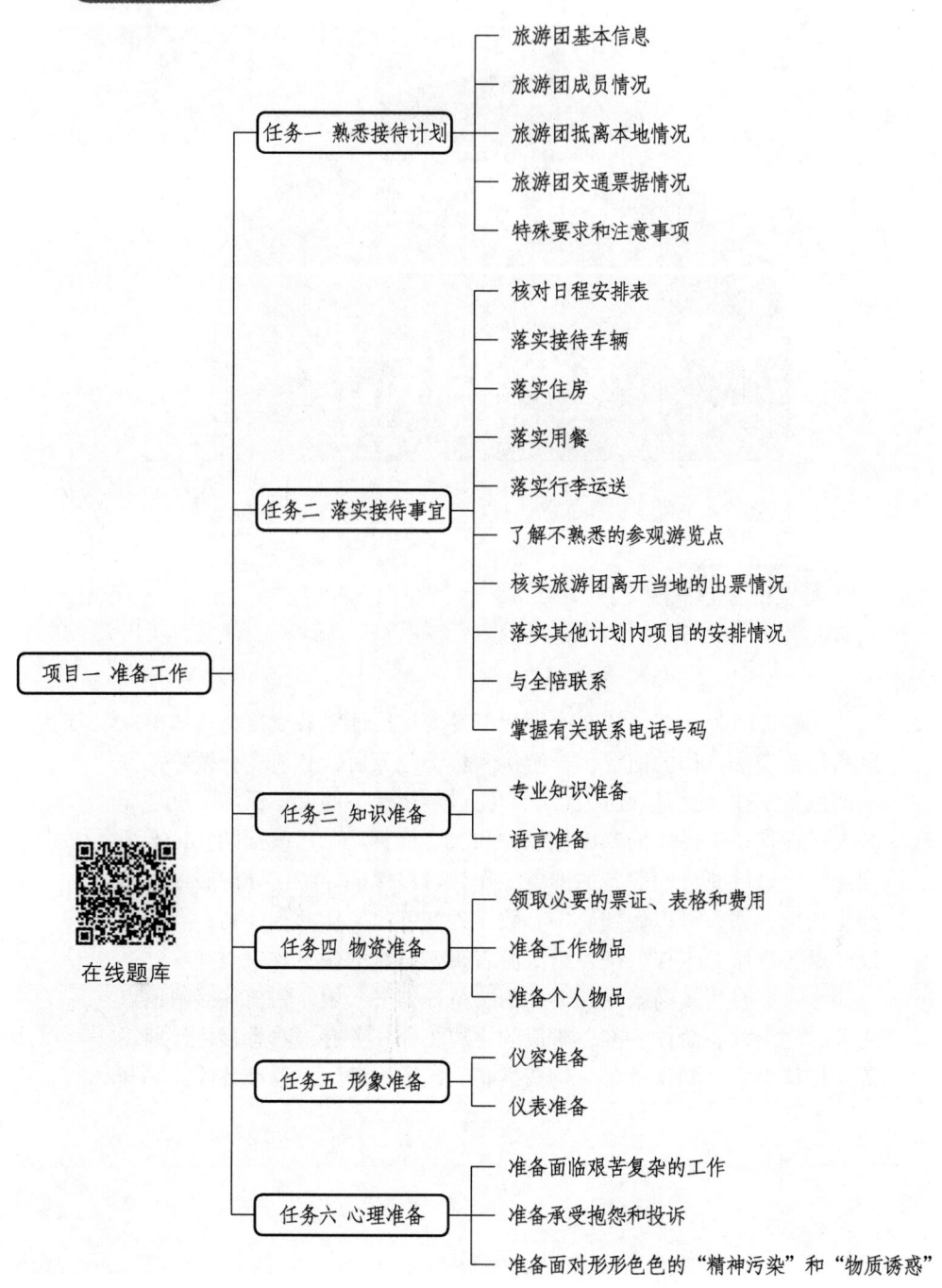

- **项目一 准备工作**
  - **任务一 熟悉接待计划**
    - 旅游团基本信息
    - 旅游团成员情况
    - 旅游团抵离本地情况
    - 旅游团交通票据情况
    - 特殊要求和注意事项
  - **任务二 落实接待事宜**
    - 核对日程安排表
    - 落实接待车辆
    - 落实住房
    - 落实用餐
    - 落实行李运送
    - 了解不熟悉的参观游览点
    - 核实旅游团离开当地的出票情况
    - 落实其他计划内项目的安排情况
    - 与全陪联系
    - 掌握有关联系电话号码
  - **任务三 知识准备**
    - 专业知识准备
    - 语言准备
  - **任务四 物资准备**
    - 领取必要的票证、表格和费用
    - 准备工作物品
    - 准备个人物品
  - **任务五 形象准备**
    - 仪容准备
    - 仪表准备
  - **任务六 心理准备**
    - 准备面临艰苦复杂的工作
    - 准备承受抱怨和投诉
    - 准备面对形形色色的"精神污染"和"物质诱惑"

在线题库

学习目标

知识目标：

1. 熟悉地陪导游准备环节的主要内容。
2. 掌握接待事宜的要点。
3. 熟悉接团前的各项准备工作。

能力目标：

1. 会根据旅游接待计划分析接团要点。
2. 会根据接团计划要求落实接待事宜。
3. 能根据旅游团特点做好接团前的各项准备工作。

项目情景

时间：6月20日。

地点：YH国际旅行社。

人物：地陪小李、旅行社工作人员。

事件：小李接到YH国际旅行社接团通知，前往旅行社领取接待计划和相关接团资料。小李需要根据要求做好各项接团准备工作。

任务一 熟悉接待计划

【任务描述】

任务内容	成果形式	完成单位
2人一组模拟地陪导游在旅行社领取接团计划等资料的情景	现场展示	小组
按照接团计划要求，熟悉接待计划各项内容，在记事本上做好记录，并完成本节课"任务实践"中相关内容	文本	个人

【知识储备】

接待计划（见表1-1）既是组团社根据与游客签订的旅游合同（协议）而制定的各项旅游活动安排，又是组团社委托有关地接社组织落实旅游团活动的契约性文件，同时也是导游了解旅游团基本情况和安排当地活动日程的主要依据。

接待计划分为入境旅游团接待计划和国内旅游团接待计划。其中，前者是国内组团

熟悉接待计划

社根据同境外旅行社所签旅游合同或协议的要求制订的旅游团在我国境内旅游活动的安排计划；后者是国内组团社根据同游客所签旅游合同的内容制订的各地的旅游团活动安排计划。

地陪在接到旅游团接待计划后，应认真阅读、思考，详细、准确地了解旅游团在当地的活动项目和要求，对其中的重点或疑难点做好记录。阅读接待计划时应熟知以下内容：

表1-1　旅游团队接待计划

旅行社公章

线路：　　　　　　　　　　　　　　　　　　　No.

组团社名称及团号		来自国家（地区或城市）		全陪	
				地陪	
总人数	人　男　　人	用车情况	司机	导游	
儿童	人　女　　人				
时间	游览项目及景点		用餐	入住宾馆	
D1 月　日　时　分			早餐：		
			午餐：		
			晚餐：		
D2 月　日　时　分			早餐：		
			午餐：		
			晚餐：		
D3 月　日　时　分			早餐：		
			午餐：		
			晚餐：		
D4 月　日　时　分			早餐：		
			午餐：		
			晚餐：		
D5 月　日　时　分			早餐：		
			午餐：		
			晚餐：		
D6 月　日　时　分			早餐：		
			午餐：		
			晚餐：		

续表

D7 月 日 时 分		早餐：	
		午餐：	
		晚餐：	
订票计划	飞机：		
	火车：		
	轮船：		
备注			

签发日期：　　年　　月　　日　　签发人：　　　　　　导游签名：

一、旅游团基本信息

（一）组团社信息

1. 客源国组团社及计划签发组团社的名称、电话和传真号码。
2. 联络人姓名、电话号码或其他联络方式（微信、QQ 等）。
3. 组团社标志或提供给团队成员的标志物。

（二）旅游团队信息

1. 旅游团名称、团号（境外组团社/国内组团社）、电脑序号。
2. 领队、全陪姓名与电话号码。
3. 旅游团种类。
4. 旅游团等级（豪华、标准、经济）和费用结算方式。
5. 旅游团住房及标准房间数、床位数、是否有大床间、用车、游览、餐标等。

二、旅游团成员情况

旅游团人数（男性人数、女性人数、儿童人数）、性别、年龄、国籍（省份、城市）、饮食习惯，尽可能了解旅游团成员的职业、生活习惯、宗教信仰等。

三、旅游团抵离本地情况

抵离时间、所乘交通工具类型、航班（车次、船次）和使用的交通港（机场、车站、码头）名称。

四、旅游团交通票据情况

赴下一站的交通票是否订妥，有无变更和更改后的落实情况，有无返程票（若有，是否落实）。

五、特殊要求和注意事项

旅游团的服务接待特殊要求：如住房、用车、游览、餐食等方面的特殊要求，该团的特殊情况和注意事项。

增收费用项目情况：如额外游览项目（如游江、游湖等）、行李车费用等。

特殊游客情况：如团内有无 2 周岁以下婴儿或 12 周岁以下儿童，有无持老年证、学生证或残疾证的游客，是否需要提供残疾人服务等。

微语录

导游在接到带团任务后，要认真聆听旅行社业务主管对接待工作的要求及注意事项，熟悉接待计划及相关资料，掌握旅游者基本情况，分析接待任务的重点和特点。做到知己知彼，方能在带团工作中游刃有余。

【任务实践】

地陪导游小李拿到接待计划及相关资料（见课程导言），开始认真阅读接待计划，熟悉、研究接待计划，分析计划中包含的主要信息。

一、组团社的基本情况

组团社名称：_____；

团　　号：_____；

客源地：_____；

领队姓名：_____，联系电话：_____；

全陪姓名：_____，联系电话：_____；

收费标准与方式：_____。

二、旅游团的基本情况

人　　数：_____；

男女人数：_____；

小孩人数：_____；

老年人（60岁以上）：_____；

年龄结构：_____；

职业情况：_____；

文化层次：_____；

宗教信仰：_____；

特别要求：_____。

三、旅游行程安排

（一）全程旅游线路

旅游团在上海乘坐飞机抵达兰州，在兰州—武威—张掖—嘉峪关—敦煌等丝绸之路主要重镇参观游览，最后从敦煌乘动车前往西宁。所到之处均为甘肃段丝绸之路文化和石窟文化积淀浓厚且各具特色的旅游胜地。

（二）旅游时间与景点（见表1-2）

表1-2　旅游时间与景点安排

时间	城市	旅游景点	备注
6月21日	兰州	甘肃省博物馆……	省博每周一闭馆
6月22日	武威		
6月23日	张掖		
6月24日	嘉峪关		
6月25日	敦煌		莫高窟在旺季时门票紧张，需提前和旅行社落实门票预订情况

四、交通安排

交通安排如表 1-3 所示。

表 1-3　交通安排

环节	交通工具	地点	车次及时间
接站	飞机	兰州中川机场	航班 HO1103
旅游	旅游大巴	接站—旅途—送站	甘 A 12345
送站	高铁	敦煌站	D2739

五、接待规格与服务范围

接待规格：豪华。

服务范围：食、宿、行、娱、游的费用包含在旅游团费里，地陪小李要和旅行社计调部核实这些服务项目是签单还是付现金，并在表 1-4 的相应处标注打"√"。

表 1-4　接待服务项目

项目	付现金	签单（费用结算单）
餐饮		
住宿		
景点门票		
大巴车费用		
……		
……		

【典型案例】

OK 票还是 OPEN 票

某年 3 月 4 日，YH 国际旅行社安排导游小张接待一个 16 人的日本团，该团在甘肃停留 6 天后在兰州乘飞机返回日本东京。因为小张跟团已经有一段时间，表现不错，所以社里决定这次由小张接待此团。因为小张是第一次带团，刘计调向小张仔细交代了该团行程及注意事项，其中返程机票有 4 人在日本已办妥，还有 12 人的返程机票由该社出票。讲到此时，小张突然问道："刘计调，日本出的 4 张机票和 12 张兰州出的机票是 OK 票还是 OPEN 票啊？"刘计调笑着说："我正想考考你呢，没想到你还挺细心！这 16 张机票全是 OK 票。"小张自语道："那我得注意了，要给他们办理手续啊！"

【分析】

本案例中，小张注意到了机票的类型及座位，再证实这一细节，可见他对交通知识还是比较了解的。接待乘飞机的外国旅游团，导游人员在核实机票方面有几个细节要注意。

1. 是否有国内段、国际段机票，有无返程、出境机票。要确定机票是 OK 票还是 OPEN 票，以免耽误行程。

2. 所谓 OK 票，即已经订妥日期、航班和机座的机票。持 OK 票的旅客若在该联程或回程站停留 72 小时以上，国内机票须在联程或回程航班起飞前两天中午 12 小时以前、国际机票须在 72 小时前办理座位再证实手续，否则原定座位不予保留；OPEN 票则是不定期机票，旅客乘机前须持机票和有效证件（护照、身份证等）去民航办理订座手续（机票变更、退票、乘机、行李等）。

3. 如果是组团社为游客购买了联程机票，导游要反复提醒游客，联程票一站用一次，千万不能用完一次就扔掉；还要叮嘱游客，登机时乘务员是否给自己保留了其余航段的机票。

【技能提升】

角色扮演：2 人一组，分别扮演地陪导游和旅行社工作人员，进行一次派团过程实训。

语言表达：以接团计划等资料为素材，口述地陪导游熟悉接待计划的要点。

【知识检测】

◆ 判断题

地方导游服务的准备工作主要包括思想准备、物资准备、计划准备、知识准备、形象准备。（　　）

◆ 单选题

1. 接待计划是组团旅行社委托有关地方接待旅行社组织落实旅游团活动的（　　）文件。
   A. 指导性　　　　B. 意向性　　　　C. 契约性　　　　D. 建议性
2. 接待计划是地方导游了解旅游团基本情况和安排当地活动日程的（　　）。
   A. 主要依据　　　B. 指导原则　　　C. 工作标准　　　D. 参考意见
3. 地方导游在阅读接待计划时，要对其中的重点或疑难之点做（　　）。
   A. 汇报　　　　　B. 记录　　　　　C. 分析　　　　　D. 评估
4. 地陪在接团前应根据所接旅游团的特点和计划的参观游览项目做好有关（　　）和语言上的准备。
   A. 旅游物资　　　B. 行动计划　　　C. 专业知识　　　D. 导游形象
5. 地陪熟悉旅游团队信息不包括（　　）。
   A. 旅游团名称　　　　　　　　　　B. 旅游团种类
   C. 旅游团等级　　　　　　　　　　D. 组团社标志

◆ 多选题

1. 地陪导游服务的准备工作主要包括业务准备、（　　）等方面。
   A. 物资准备　　　　B. 形象准备　　　　C. 知识准备
   D. 财物准备　　　　E. 心理准备

2. 地陪导游服务准备工作中的熟悉接待计划，包括（　　）。
   A. 旅游团基本信息　　　　　　　　B. 旅游团成员情况
   C. 旅游团抵离本地情况　　　　　　D. 旅游团各地地接社情况
   E. 特殊要求和注意事项

3. 接待计划是地陪（　　）的主要依据。
   A. 了解旅游团基本情况　　　　　　B. 提供导游讲解服务
   C. 预订相关旅游服务　　　　　　　D. 落实相关景区安排
   E. 安排地方活动日程

4. 地陪熟悉接待计划时，需立即了解旅游团内特殊游客的情况，特殊游客一般包括（　　）。
   A. 2 周岁以下婴儿　　　　　　　　B. 12 周岁以下儿童
   C. 持残疾证的游客　　　　　　　　D. 持老年证的游客
   E. 饮食要求特别的游客

5. 下列基本情况中，属于旅游团成员情况的有（　　）。
   A. 文化层次　　　　B. 宗教信仰　　　　C. 社会阶层
   D. 饮食习惯　　　　E. 年龄职业

任务二　落实接待事宜

【任务描述】

任务内容	成果形式	完成单位
2人一组模拟地陪导游和相关人员（司机、酒店、餐厅、全陪）等电话联系、落实旅游团接待事宜情景	现场展示	小组
按照接团计划要求，落实接待各项事宜，完成本节课"任务实践"中相关内容	文本	个人

【知识储备】

地陪导游在旅游团抵达的前一天，应与各有关部门或人员一起检查、落实旅游团的交通、食宿等事宜。落实接待事宜是地陪导游在旅行社计调工作基础上重新进行的一次再确认手续。此项工作的落实，可以最大限度地减少旅行社工作中的失误，即使出现问题，也会有更大的回旋余地。

落实接待事宜

一、核对日程安排表

地陪应根据接待计划安排的日程（电子行程单），认真核对地接社编制的旅游团在当地活动日程表中所列日期、出发时间、游览项目、就餐地点、风味餐品尝、购物、晚间活动、自由活动和会见等项目。如发现有出入应立即与本社有关人员联系核实，以免实施时出现麻烦。

二、落实接待车辆

地陪应在接团前同司机商定接头的时间和地点。提醒司机检查车辆空调、话筒、音响、座椅及安全带等设备，保证设备的正常使用。接待大型旅游团时，地陪应在车身合适的位置贴上醒目的编号或标记，以便游客识别。旅游团游客的行李通常随旅游车一起运输，但是如果旅游团在合同中要求提供行李车，地陪应与行李车司机联系，告知旅游团抵达的时间、乘坐的交通工具、抵达地点和下榻的酒店。

三、落实住房

地陪应熟悉旅游团所住饭店的位置、概况、服务设施和服务项目，如距市中心的距离、附近有何购物娱乐场所、交通状况等。

地陪在接团前要与旅行社计调人员核实该团客人所住房间的数量、房型、用房时间是否与旅游接待计划相符，核实房费内是否含早餐等，并与酒店销售部或总台核实。若接待重点旅游团，地陪可亲自到客人下榻的酒店向酒店接待人员了解其团队排房情况，告知旅游团的抵达时间和旅游车牌号，并主动介绍该团的特点，配合酒店做好接待工作。

四、落实用餐

地陪应熟悉旅游团就餐餐厅的位置、特色。与各有关餐厅联系，确认该团日程表上安排的每一餐的落实情况，并告知旅游团的团号、人数、餐饮标准、日期、特殊要求和饮食禁忌等。

五、落实行李运送

若旅行社为旅游团安排了行李车，地陪应与行李员联系，告知旅游团抵达的时间、地点以及下榻的酒店。

六、了解不熟悉的参观游览点

对新开放的旅游景点或不熟悉的参观旅游点，地陪应事先了解景点位置、行车线路、开放时间、最佳游览线路、厕所位置等。必要时，地陪可先去踩点，以保证旅游活动的顺利进行。提前核实景点门票优惠政策、景点内收费项目、景区内演出或表演的场次和时间等。

七、核实旅游团（者）离开当地的出票情况

地陪应主动与计调部门联系，核实旅游团（者）离开当地的交通工具出票情况，并核实航班（车次、船次）确定的出发时间，以便在接待中安排好旅游团（者）离开饭店前往机场（车站、码头）及托运行李出客房的时间。

八、落实其他计划内项目的安排情况

如果组团社发来的接待计划中包括该旅游团（者）的会见、宴请、品尝风味餐等活动，地陪应在接团前与计调部门联系，请其落实相关的会见、宴请、风味餐的单位、人员等事宜。

九、与全陪联系

地陪应提前与全陪取得联系，了解该团有何变化，对在当地的安排有何要求。告知全陪行程中景点对游客的优惠政策和需要携带的相关证件，以及相关的注意事项。若接待的入境旅游团是首站抵达，地陪应与全陪联系，约定见面时间和地点，一起提前赴机场（车站、码头）迎接旅游团。

十、掌握有关联系电话号码

地陪应掌握包括地接社各部门、行李员、全陪导游、旅游车租车公司（旅行社车队）、就餐餐厅、下榻酒店、景区、机场（车站或码头）、下一站接待旅行社等的联系电话。

微语录

接待事项的落实对后续服务工作影响较大，因此，地陪导游在具体工作中一定要细心，要逐一落实每一个环节，同时要有文字记录。

【任务实践】

地陪导游要核对日程安排表、核实旅游车辆、核实住房、落实用餐、与计调部门内勤人员联系做好沟通工作、与全陪联络沟通；了解酒店位置等相关情况、了解景点开放时间以及相关信息。

一、核对日程安排表

表 1-5 日程安排表

日期	日程安排	入住酒店
6月21日	8:00 出发，8:30（黄河百里风情线）—10:00（甘肃省博物馆）—12:30（用餐：兰州云峰牛肉面）	兰州××假日酒店

二、落实接待车辆

地陪小李与旅行社计调部沟通后，主动与负责担任本次团队的接待司机联系。

车型：_____。

车号：_____。

司机：_____。

与司机商量时间：___月___日___点___分，地点：_____见面或会合。该团行李随身携带，故不需要行李车。

三、落实住宿与用餐

> **小贴士**
>
> 酒店入住信息核实要点：该团所住房间的数量、级别、用房时间是否与接待计划相符合，房费是否含早餐等，并向酒店提供该团抵达时间。

住宿酒店：城市：_____酒店名称：_____入住日期：___月__日

城市：_____酒店名称：_____入住日期：___月__日

城市：_____酒店名称：_____入住日期：___月__日

城市：_____酒店名称：_____入住日期：___月__日

城市：_____酒店名称：_____入住日期：___月__日

住宿要求：_____。

> **小贴士**
> 用餐信息核实要点：日期、团号、用餐人数、餐饮标准、特殊要求等。

用餐要求：_____。
用餐标准：_____。

如果对饭店不是很熟悉，最好事先去实地看看。对通往饭店的交通情况、饭店内部情况做必要的了解。

四、核实旅游团（者）离开当地的出票情况

是否出票：_____。
交通工具：_____。
离开时间：_____。

五、与全陪联系

全陪姓名：_____。
电话号码：_____。

> 【情景模拟】
> 2人一组模拟地陪与全陪首次电话联系情景。

六、了解不熟悉的参观游览点

不熟悉的参观游览点：_____。

七、掌握有关联系电话号码

地陪小李在带团期间，应掌握的联系电话如表1-6所示。

表1-6 联系电话

序号	部门	联系人	联系电话
1	地接社：甘肃YH国际旅行社		
2	行李员		
3	领队	—	
4	全陪导游		

续表

序号	部门	联系人	联系电话
5	旅游车租车公司	司机：	
6	餐厅	联系人	联系电话
7	酒店	酒店名称	联系电话
8	景区	景区名称	联系电话
9	机场		
10	组团社		
11	……		

【典型案例】

两个司机同时来接团

5月3日,导游小陈刚下团,社里又给他排了一个团。小陈到旅行社拿了接团计划后,与33座金龙车司机王师傅联系,确定第二天早晨7点整在火车站停车场见面。

过了1小时后,小陈接到一个司机的电话问明天他俩合作的那个团几点接团,在哪儿会合。小陈心想王师傅是不是套团忙晕了，刚确定又忘了。由于他当时着急赶车，告诉司机明早7点整火车站停车场见，就匆匆挂了电话。

第二天早晨7点整在火车站停车场，小陈就看见有辆金龙车停在那儿，车牌也吻合，便与王师傅问了好。正说着又有一辆33座金龙车开过来了，停在他们车的旁边。这时小陈的手机响了："小陈，我是刘师傅，我到车站了，把车停在最东边了，你到了吗？"小陈觉得奇怪，赶快找到刘司机，一看他的车也是33座金龙车，但是车牌与接团计划单上的不同。小陈赶紧给计调打电话，原来是计调弄错了，给两个司机排了同一团。

最后计调让小陈按照接团计划单用王师傅的车。

刘师傅苦笑说"看来这个黄金周我不用那么忙了"，然后就开车走了。小陈有些懊恼，要是自己昨天多问几句，就不会让刘师傅白跑一趟了。

【分析】

本案例中出现了两个司机接同一个团的情况，这种情况还是很少见的。其主要责任在计调，由于"五一"期间团多，事情多，计调派车时出了问题，一个团派了两辆旅游车，但是小陈也要负一定的责任。小陈在落实接团计划工作上还不够到位，如果本案例中的刘司机要求旅行社赔偿损失，就会产生更多不好的影响。

所以导游人员在上团前，一定要做好有关的落实事宜。根据地陪服务程序，导游在旅游车的落实时，要与为该团提供交通服务的车队或汽车公司联系，确认车辆的车型、车号、司机姓名、出发地点等。

小陈与第一位司机确认好后又接到第二位司机的电话，没有仔细和第二位司机确认。如果小陈仔细地问一下第二位司机的车牌、姓名，就不会让刘师傅白跑一趟。

【技能提升】

情景模拟：2人一组，分别扮演地陪导游和相关部门工作人员（全陪、司机、酒店、餐厅、计调等），电话落实接团相关事宜。

语言表达：以接团计划等资料为素材，口述地陪导游落实接待事宜的要点。

【知识检测】

◆ 判断题

1. 地陪导游在核实旅游团交通票据时，如果发现游客所乘的航班（车次、船次）或时间有变更，应及时向地接社的计调人员了解是否已经将变更情况通知了组团社，以防下站漏接。（   ）

2. 地陪导游如果发现旅游团队的日程安排与接待计划之间存在差异，应立即与组团社的计调部门及人员联系，弄清事情原委，以免在接待旅游团时产生麻烦。（   ）

3. 地陪导游应提前与陪同旅游团的全陪导游取得联系，了解该团有无变化，约定接团时间和地点。（   ）

4. 地陪在接团前要与旅行社计调人员核实该团游客所住房间的数量、类别、用房时间是否与旅游接待计划相符，核实房费内是否含早餐。（   ）

◆ **单选题**

地陪在接团前应与旅行社（　　）核实旅游团的用房情况是否与旅游接待计划相符。

A. 计调部门　　　　B. 接待部门　　　　C. 销售部门　　　　D. 公关部门

◆ **多选题**

1. 地陪应事先核实旅游团所住客房的（　　）是否与旅游接待计划相符。

A. 房间设施　　　　B. 房间数目　　　　C. 室内装饰

D. 房间类别　　　　E. 用房时间

2. 地陪若接待重点旅游团，应提前到该团下榻的酒店向酒店接待人员了解对该团的排房情况，并向他们告知（　　）。

A. 该团抵达的时间　　　　　　　　　B. 该团的人员构成

C. 该团的特点　　　　　　　　　　　D. 该团的文化水平

E. 旅游车车牌号

3. 在旅游团抵达前，地陪要向该团用餐的餐馆了解落实情况，告知该团的（　　）。

A. 用餐人数　　　　B. 餐饮标准　　　　C. 酒水品牌

D. 用餐日期　　　　E. 特殊要求

4. 在旅游团抵达前，地陪要与旅行社的行李员联系，告知旅游团（　　）。

A. 抵达时间　　　　B. 抵达地点　　　　C. 行李数量

D. 运送要求　　　　E. 下榻饭店

5. 如接待计划中有地陪不熟悉的游览景点，地陪在接团前应了解该景点（　　）。

A. 所在位置　　　　B. 行车路线　　　　C. 主要设施

D. 最佳游览路线　　E. 厕所位置

6. 若接待计划中有会见，地陪应在接团前与计调部门联系，落实旅游团会见时的（　　）。

A. 接待单位　　　　B. 接待人员　　　　C. 陪同人员

D. 接待规格　　　　E. 接待要求

任务三　知识准备

【任务描述】

任务内容	成果形式	完成单位
结合旅游接团计划，分析自身知识储备，罗列出自己在带团时还需要做哪些知识准备	现场展示	个人
按照接团计划要求，做好带团前的知识准备，完成本节课"任务实践"中相关内容	文本	个人

【知识储备】

在接团前,地陪应根据所接旅游团的特点(如专业旅游团、特种旅游团)做好有关专业知识和语言上的准备。

一、专业知识准备

地陪应根据接待计划确定的参观游览项目,做好有关知识和资料的准备,尤其是计划中所列新开放景点知识的准备。准备的过程中应注意知识的更新,及时掌握最新信息。接待有专业要求的团队时,要做好相关专业知识和术语、词汇的准备。地陪还应做好当前热门话题、国内外重大新闻以及游客可能感兴趣的话题的准备,做好客源国家(地区)有关知识的准备。

二、语言准备

若接待的是入境旅游团,地陪还要做好语言翻译和外语词汇的准备。在语音、语调、语法和用词等表达技巧方面,注意表达清楚、生动和流畅。

【任务实践】

1. 做好旅游计划中所列景点相关知识的准备,特别是对新开放景点或自己不熟悉的景点以及线路专题知识的准备,梳理景点讲解的要点和关键词。

甘肃省博物馆:

_____

_____

黄河百里风情线:

_____

_____

武威雷台汉墓:

_____

_____

武威文庙:

_____

_____

张掖七彩丹霞：
_____
_____

嘉峪关长城：
_____
_____

敦煌莫高窟：
_____
_____

鸣沙山月牙泉：
_____
_____

丝绸之路：
_____
_____

其他知识：
_____
_____

2. 了解该旅游团成员行业背景或专业背景，了解相关知识和术语。
相关专业知识和术语：
_____
_____

3. 当前热门话题、国内外重大新闻：
_____
_____

4. 游客可能感兴趣的话题：
_____
_____
_____

5. 客源地区（上海）有关知识：

_____

_____

_____

6. 其他知识：

_____

_____

_____

【典型案例】

自信让我成功

上海导游小张接待了一个到上海考察城市建设的旅行团，团队成员都是省内分管城市建设的领导。小张接待这样的领导团确实心里没底，怕自己讲砸了。因此，在带团之前，他做了充分的准备：认真了解了近年来上海城市建设的发展过程、突出成就、具体数据以及当地政府的有关政策和当地居民的态度反映等。上团后，小张非常自信地站在领导面前。他的讲解赢得了领导们的交口称赞。

【分析】

在案例中，导游小张接团之前，经过精心准备，树立起了自信，使导游接待工作圆满成功。导游在接待有特殊身份和社会地位的旅游者时，应该从以下几个方面着手准备：

1. 知识要渊博，准备要充分。这些旅游团一般见多识广，导游人员要提前做好相关的知识准备，如专用术语、行业知识等，以便能选择适当的交流话题，并能流利地回答他们提出的问题。

2. 要有自信心。一些导游一听到要接待领导团，就会发怵，缺乏自信心。因而必须克服这种心理障碍，对自己充满信心。作为地陪导游，毕竟你要比游客更熟悉当地的情况，因此，你所讲解的内容应该能给游客一种新鲜感。所以导游要搜集有关资料，并掌握相关的背景知识。同时要树立信心，克服畏难情绪，并要告诉自己：我行！

3. 多请示、多汇报，按照有关规定接待。在接待此种旅游团时，由于游客有时会有会议安排，因此游览日程、时间变化较大，地陪一定要灵活变通，随时向有关领导请示、汇报，协助安排接见、会谈的时间。

【技能提升】

信息检索：结合旅游接待计划，查找并分享有助于接待该旅游团的相关资料（书籍、视频等均可）。

【知识检测】

◆ 判断题

对于景点门票优惠政策、景点内收费项目、景区内演出或表演的场次和时间地陪无须了解。（　　）

◆ 多选题

1. 如果接待的是外国医生旅游团，地陪应事先做好语言与知识方面的准备，具体包括（　　）。

A. 医疗专业知识　　　　B. 传染病知识　　　　C. 外语专有名词
D. 医疗救护知识　　　　E. 客源国知识

2. 地陪导游准备接待一个旅游团，作为一名新导游，接待计划中安排的某景点他没去过，他需要做的准备工作包括（　　）。

A. 熟悉景点的线路　　　B. 厕所位置　　　　　C. 熟悉景点机构
D. 景点开放时间　　　　E. 购票点

任务四　物资准备

【任务描述】

任务内容	成果形式	完成单位
按照旅游团接团的实际情况，分类整理带团所需的物品	现场展示	个人
熟悉导游带团的物资准备要求，完成本节课"任务实践"相关内容	文本	个人

【知识储备】

地陪上团前，要做好接团的有关物资准备。

一、领取必要的票证、表格和费用

地陪在出发前，应到旅行社相关部门领取旅游团接待计划表（电子行程单）、旅游服务质量反馈表、旅游团名单、旅游团费用结算单等。

二、准备工作物品

地陪应准备好必备的工作物品，包括电子导游证、导游身份标识、导游旗、扩音器、接站牌、旅行车标志、宣传资料、行李牌（或行李标签）、通讯录、工作服等。

三、准备个人物品

地陪必备的个人物品包括名片，手机、充电宝及充电器，洗漱用品与换洗衣服，防护用品（雨伞、遮阳帽、润喉片），常备药物，记事本与工作包等。

微语录

导游带团要遵守职业规范，导游人员的标配是导游证。《中华人民共和国旅游法》第四十一条以及 2018 年 1 月 1 日开始实施的《导游管理办法》第二十条中都明确指出，导游人员在执业过程中应当佩戴导游证、佩戴导游身份的标识。因此，无论是海外领队全陪、地陪都要佩戴导游证。除此以外，一些景区讲解人员也应佩戴标识其导游身份的企业标志。

【任务实践】

请根据地陪导游物资准备要求，准备丝绸之路 5 日游带团期间相关物品：

票证表格：

_____

_____

工作物品：

_____

_____

_____

个人物品：

_____

_____

_____

【典型案例】

老导游的百宝箱

北京某旅行社的导游小林跟着社里有 10 年工作经验的老导游老赵上团学习。

第一天，游客正在故宫御花园拍照留念时，突然一位男士面露难色地拉住老赵小声地说了句什么，老赵不露声色地把小林叫到一边，从随身背包拿出一根皮带给小林，让他带刚才的游客去卫生间。原来那位男士的皮带突然断了，提着裤子好一会儿了，所以刚才问老赵哪里有卖皮带的。小林心想老赵真有心，包里居然还装着备用皮带。

第二天，刚爬长城时就有位游客的凉鞋扣断了，差点要赤脚爬长城，老赵又从背包里拿出 502 胶帮游客把鞋修好了；爬上长城老赵又变魔术似的从包里拿出一架迷你望远镜让游客感受远处的景色。

下团后，小林与老赵聊天，佩服老赵讲得好、对游客热情细心，更感兴趣的就是老赵的背包，戏称老赵的背包是"百宝箱"。老赵告诉小林，他的包里除了团款、签单、地图等上团必备用品外，还有一些是对客服务用品，如创可贴、酒精棉球、皮带、鞋带、针线等。这些东西虽小，但在关键时刻能解决大问题。

小林感慨做个好导游还真有好多方面要学习，光是老导游的"百宝箱"就让他受益匪浅。

【分析】

在带团的服务过程中，导游人员需要使用一些物品，准备好这些物品是导游人员顺利完成导游接待任务、保证接待服务质量的必备条件。

案例中，老赵"百宝箱"中的东西与其说是"宝物"，不如说是老赵利用 10 年的带团经验，根据游客经常出现的小问题而做的充分的、用心的物资准备。一般来说，导游上团需要准备的物品有两类。

第一类：服务用品，是指按照一定的要求，在带团过程中必须携带用于对客服务的用品，包括导游证、胸卡、导游旗、接站牌、接待计划、导游图、结算凭证等物品。

第二类：个人用品，是指导游人员为保证或提高接待质量，自行决定携带的物品，包括形象用品、通信工具、个人礼物和其他生活用品等。

一名出色的导游不仅要做到"包里有"，更要做到"心里有数"。

【技能提升】

动手实践：根据旅游团实际情况，列出带团所需的物资清单，制作接站牌，做好充分的物资准备。

【知识检测】

◆ 多选题

在接团前，地陪应到旅行社有关部门领取的表单包括（　　）。
A. 接待计划表　　　　B. 旅游团名单　　　　C. 旅游服务质量反馈表
D. 借用物品表　　　　E. 费用结算单

任务五　形象准备

【任务描述】

任务内容	成果形式	完成单位
根据接团计划内容，做好导游带团的仪容仪表等形象准备	现场展示	个人
以小组为单位，互相评议当天着装和形象是否符合导游形象要求，完成本节课"任务实践"中相关内容	现场展示	小组

【知识储备】

地陪的自身美不仅关系到个人形象，更关系到目的地和旅游企业的形象。为了给游客留下良好的印象，地陪在上团前要做好与所从事的职业相应的仪容、仪表方面的准备。

一、仪容准备

地陪应面容整洁，不浓妆艳抹。地陪的头发要保持清洁、整齐、不染色。女性地陪留有长发的要束起；男性地陪的前发要不覆额，鬓角不近耳，后发不及领。

二、仪表准备

地陪的着装要符合职业身份，要方便开展旅游服务工作。地陪的衣着要简洁、整齐、大方、自然，佩戴首饰要适度。如果接待计划中安排有会见、宴会、舞会等，地陪要准备好适合这些场合的正装（男性如西装、中山装，女性如套装、晚礼服、旗袍等）或民族服装。

> **微语录**
>
> 　　热情大度、整洁端庄既是服务人员的待客之道，也是服务人员应具备的基本品德，它体现了服务人员的高雅情操。导游人员作为旅游行业的形象大使和灵魂，他的衣着打扮、言行举止反映了一个企业、一个地区乃至一个国家的精神面貌和道德水准。导游人员的着装应简洁大方、整齐自然，符合导游人员的职业身份，方便工作；若佩戴首饰，则要适度，不可太过繁杂张扬；可化淡妆，不可浓妆艳抹。

【任务实践】

导游的形象仪表不仅是个人行为,在宣传旅游目的地、传播精神文明等方面也起着重要作用,还有助于在旅游者心目中树立导游人员的良好形象。因此,地陪导游在上团前要做好仪容、仪表方面(即服饰、发型和化妆等)的准备,掌握带团形体礼仪和要求(见表1-7)。

表1-7 形体礼仪内容及要求

形体礼仪内容	要求
着装	导游着装基本要求:干净整洁、大方得体、有利工作方便
引领	引领时要站立在车门的前方侧位下,顾及客人上车的情况,并适当地帮扶
站、靠、立、行	在导游车中进行导游讲解时,要求翻开靠背,人站直,后背紧靠靠背,一只手抓牢扶手,一只手拿话筒
清点人数	清点人数时要求用目光进行清点,切忌用手指头去一个一个指点客人

> 情景模拟:以小组为单位,互相评议当天着装和形象是否符合导游形象要求,完成地陪导游形象准备评价表(见表1-8)。

表1-8 地陪导游形象准备评价表

姓名	评价项目			
	仪容 (面部、头发)	建议	仪表 (着装、首饰)	建议

【典型案例】

导游带团的形象准备

某旅行社的小孙是个漂亮阳光的女导游，虽然已经22岁了，但因长着一张娃娃脸，老被游客开玩笑问她有没有16岁。为了让自己不太孩子气，她烫了个比较流行的发型，果然更显成熟漂亮，像个老导游。没过几天社里有个从S市来的16人团，团员年龄大约在30岁，有好几对是夫妻。小孙也听说S市的人尤其是女性很讲究，很会打扮。于是在接团时，她特意打扮了一番，穿上套装，化个淡妆，更显成熟稳重。可是她发现当她讲完精心准备的欢迎词后，反应却平平。几天下来，她觉得团里的女士对她都淡淡的，讲解时离她也挺远，男士们对她的讲解倒听得津津有味。

整个团下来，小孙感觉很不好，下团后她向社里的老导游老方诉苦："这个团怎么这么难带啊，难道真是同性相斥吗？"

【分析】

导游人员的内在美十分重要，其外在形象也直接影响旅客对导游人员的印象和评价。小孙的出发点是好的，想以一位成熟导游的形象获得游客的认可，从礼仪的角度来看，初次见面女士化淡妆是无可厚非的。但是小孙与游客的初次见面打扮得过于漂亮，引起了女游客的不满，留下了不好的"第一印象"。所以，小孙精彩的欢迎词无人喝彩，以致在以后的行程中女游客对其不认可。

导游在与游客的交往中，要注意自己的穿着打扮，导游人员形象的好与坏也是导游服务质量中的一个组成部分。一般来说，导游人员的服装要符合导游人员的身份和工作需要，要求整洁得体。夏装要透气、吸汗，不能过于透、露、短，女导游穿裙子要注意场合；冬装要保暖，不能过于臃肿。修饰要自然大方，避免过于世俗和前卫；要佩戴醒目的、能证明身份的标识物等。导游对自己的着装打扮要有追求、有品位，借助得体的衣着打扮给游客留下良好的印象，从而更好地为游客服务。

【技能提升】

动手实践：根据导游服务要求，提前做好带团前的形象准备。

【知识检测】

◆ 判断题

女性导游留有长发可束起也可披发，但要保证头发清洁、整齐。（　　）

◆ 多选题

1. 如果接待计划中安排有会见、宴会、舞会等，女性导游应准备好适合这些场合的正装，具体包括（　　）。

　　A. 套装　　B. 晚礼服　　C. 旗袍　　D. 中山装　　E. 西服

2. 为了给游客留下良好的印象，导游人员的着装要（   ）。
   A. 保持中华民族的文化传统　　　　　B. 展现个人的性格特征
   C. 符合导游人员的身份　　　　　　　D. 突出个人的兴趣爱好
   E. 方便旅游服务工作
3. 为展现导游人员的职业形象，男性导游应（   ）。
   A. 前发不覆额　　B. 瓜田不纳履　　C. 鬓角不近耳
   D. 李下不整冠　　E. 后发不及领

任务六　心理准备

【任务描述】

任务内容	成果形式	完成单位
按照接团计划要求，梳理在带团中可能遇到的困难和问题，做好带团前的心理准备	文本	个人
按照接团计划要求，完成本节课"任务实践"中相关内容	文本	小组

【知识储备】

地陪需要具备良好的心理素质，在接团前做好如下几个方面的心理准备：

一、准备面临艰苦复杂的工作

地陪在上团前，不仅要根据旅游团的情况考虑如何按照正规的工作程序向其提供热情周到的服务，而且还要有充分的思想准备，考虑如何为特殊游客提供服务，以及如何去面对、处理接待过程中可能发生的问题和事故。

二、准备承受抱怨和投诉

尽管地陪尽其所能为游客提供了热情周到的服务，但还是有可能遇到某些或个别游客的挑剔、抱怨和指责，甚至投诉。面对这种情况，地陪要做好思想准备，要冷静、沉着地面对，无怨无悔地继续做好导游服务工作。

三、准备面对形形色色的精神污染和物质诱惑

地陪在接团过程中，经常要与各种各样的游客接触，还要同一些商家打交道。个别商家可能会有意无意地传播某些不健康的内容，甚至用不正当利益来进行诱惑。因此，

对这些言行，地陪应有充分的思想准备，坚持兢兢业业带团，堂堂正正做人。

> **微语录**
>
> 导游人员作为服务行业中的一线工作人员，工作确实辛苦，因此要做好充分的心理准备。很多导游人员可能自己心里就会觉得导游是伺候人的职业。这种说法是不全面的，对于任何一位服务行业的员工来说，服务的工作就是帮助他人，而乐于助人本身是中华民族的传统美德，同时也是服务行业工作岗位的主要内容，因此要对自己的职业产生认同与热爱。

【任务实践】

一、认真准备，建立自信心

本次接待的是一个16人的上海旅游团，团队规模不是很大，但文化水平比较高，导游在心理上要有自信心，相信自己是能胜任的，要打消在专家面前不自信的心理；尊重异地游客同时，也要保持区域自信心和自豪感，做到不卑不亢。

二、充足的知识准备，增强自信

不同的团队，不同的特点，会给导游不同的心理压力，如知识层次高的团队，给导游的心理压力会体现在知识准备方面；老年团队给导游的心理压力会体现在生活要求与行动方面；青少年团队给导游的心理压力会体现在守纪律方面等。如本团属于中青年团，消费相对理性，男女性别比例相当、知识层次较高，根据团队这些特点，在组织管理准备方面，应与全陪做好充分的沟通，增强工作严谨性。

对接待其他团队，如青少年研学团，针对其游客年龄小，活泼好动，纪律观念不是很强的特点，可以进行分组，在每一个小组确定一位小组长；对老年团队，针对老年人行动迟缓、反应慢、要求多而细、依赖性强等特点，也可以通过分组，确定组长等形式，加强领导，增强团队控制的有效性和组织的有序性。

【典型案例】

为什么"十佳优秀导游"也会被投诉

"十一"黄金周过后，YH 国际旅行社召开导游大会，主要分析讨论地接导游的投诉问题。小郑说："我们的'丝绸之路七日游'团有封投诉地陪高导的信。这位地陪从事导游多年，而且还是当地的'十佳优秀导游'，以前游客给她写过很多表扬信，可是这次却遭到游客投诉。"

这时社里的老导游老张说："我们团有位游客投诉的也是她，我看她安排得井井有条，讲解得也不错，也没和游客发生直接的摩擦，她的服务工作并没有什么失误，不过精神状态不太好，给人的印象就是不太热情。我们私下里聊过，由于是旅游旺季，社里导游全出去了，很多团队又点名让她带团，她已经连续带团40多天了，特别累。在响沙湾时，游客邀请她一起玩滑沙，那会儿她胃疼得厉害就拒绝了。我后来给游客解释，但是游客还是对她的印象大打折扣，觉得'十佳'导游也不过如此。你看，投诉信并没有指明什么事，但是字里行间，对这位导游的服务态度颇有微词啊！"

这时接待部经理说："这次游客投诉比较特殊，整个行程没有出现具体事故的投诉，主要是对导游的服务热情提出投诉。究其原因，连续的套团、身心的疲惫严重地影响了导游的服务热情。我们将情况汇总，向地接社反映，希望他们注意导游的身心健康问题。"

【分析】

从本案例中不难看出，身心疲惫会影响导游的带团质量，影响导游与游客间的交往。游客大多是追求愉快和美好为目的而去参加旅游活动的，这一目的的实现在旅游中除了物质需要的满足外，更多的还是精神需要的满足。精神需要的满足更多体现在导游高质量的服务以及导游与游客的良性交往中。一般而言，旅游交往的理想形式是"旅游者—朋友"模式。如果导游缺乏热情，那么这种交往就得不到游客的认可。游客没有得到被重视及友好的感觉，势必会引起游客的不满，甚至遭到投诉。

本案例中，高导在整个带团过程中，吃、住、行、讲解等方面没出问题，扮演好了"服务员"的角色，但由于其身心疲惫，上团精神状态不佳，与游客没有较深入的热情的交往，没有扮演好"旅游者—朋友"的角色，再加上其"十佳"导游的身份，让游客感觉名不副实，所以遭到了投诉。

为了避免这种情况的发生，旅行社在平时就要做好资源储备，在旅游旺季时，尽量不要让导游套团太长时间；同时，导游在带团时也要做到劳逸结合，以最好的精神状态、服务态度为游客服务。

【技能提升】

动手实践：根据地陪导游准备阶段要求，梳理在带团中可能遇到的困难和问题，做好带团前的心理准备。

【知识检测】

◆ 多选题

地陪在接团前应做好的心理准备有（　　）。

A. 准备面临艰苦复杂的工作
B. 准备接受旅游执法人员可能的检查
C. 准备承受旅游者的抱怨和投诉
D. 准备面对形形色色的和物质诱惑
E. 准备接受旅行社领导的批评

【项目评价】

表1-9 自我评价

序号	任务	评价等级			
		A	B	C	D
1	我已熟悉接待计划				
2	我会落实接待事宜				
3	我已做好接团的知识准备				
4	我已做好带团的物资准备				
5	我已做好带团的形象准备				
6	我已做好带团的心理准备				

（评价等级：A为优秀；B为良好；C为一般；D为有待进步）

表1-10 综合评价

评价要素	评价标准	自我评价	小组评价
学习态度	按时出勤、无迟到早退现象； 积极主动学习，有进取心； 学习目标明确，按时完成学习任务； 学习兴趣浓厚，求知欲强，养成自主学习的能力		
语言表达	能围绕主题，突出中心，语言得体； 表达有条理，语气、语调适当； 发音准确，吐字清晰，用词贴切，表情恰当，富有感染力		
应变能力	敢于提出问题，发表个人意见，提高口头表达和应变能力		
合作意识	能与同学共同学习，共享学习资源，互相促进，共同进步； 积极参与讨论与探究，乐意帮助同学； 在小组学习中主动承担任务		
探究意识	积极思考问题，提出解决问题的方法，有创新意识； 勤于积累，善于探索，思维活跃，反应灵敏		
情感态度	努力发展自己的潜能，能认识自我的优缺点； 遵守国家信息使用安全规范，明辨善恶		
信息化能力	会使用搜索引擎查找资料； 能够从搜索信息中筛选所需信息并分析归纳整理； 会使用办公软件处理文档，利用社交媒体进行交流学习		

综合评价	自我评价等级	签名： 年　月　日	小组评价等级	签名： 年　月　日
教师评价	激励性评语：		签名： 年　月　日	

（评价等级：A 为优秀；B 为良好；C 为一般；D 为有待进步）

【知识拓展】

导游人员的基本素质

为保证导游服务质量，导游人员应具备以下基本素质。

一、爱国主义

导游人员应具有爱国主义意识，在为旅游者提供热情有效服务的同时，要维护国家的利益和民族的自尊。

二、法规意识和职业道德

1. 遵纪守法。
导游人员应认真学习并模范遵守有关法律及规章制度。
2. 遵守公德。
导游人员应讲文明，模范遵守社会公德。
3. 尽职敬业。
导游人员应热爱本职工作，不断检查和改进自己的工作，努力提高服务水平。
4. 维护旅游者的合法权益。
导游人员应有较高的职业道德，认真完成旅游接待计划所规定的各项任务，维护旅游者的合法权益。对旅游者所提出的计划外的合理要求，经主管部门的同意，在条件允许的情况下应尽力予以满足。

三、业务水平

1. 能力。
导游人员应具备较强的组织、协调、应变等办事能力。
无论是外语、普通话、地方语和少数民族语言导游人员，都应做到语言准确、生动、形象、富有表达力，同时注意使用礼貌用语。

2. 知识。

导游人员应有较广泛的基本知识，尤其是政治、经济、历史、地理以及国情、风土习俗等方面的知识。

四、仪容仪表

导游人员应穿工作服或指定的服装，服装要整洁、得体。

导游人员应举止大方、端庄、稳重，表情自然、诚恳、和蔼，努力克服不合礼仪的生活习惯。

项目二

接站服务

项目引言

接站服务是指地陪提前半小时到达机场、车站、码头迎接旅游团前后所提供的各项服务。它在导游服务中至关重要，因为这是地陪在游客面前的首次亮相。地陪应提供准时、热情、友好的接待服务，以给游客留下美好的第一印象。

接站服务对于导游来说是顺利开展工作的第一步，对游客来说则是了解游览目的地和愉快行程的开始，所以接站时应及时、热情、友好。接站服务的主要任务是：旅游团抵达前的业务安排、旅游团抵达后的服务和赴酒店途中的服务。

任务导图

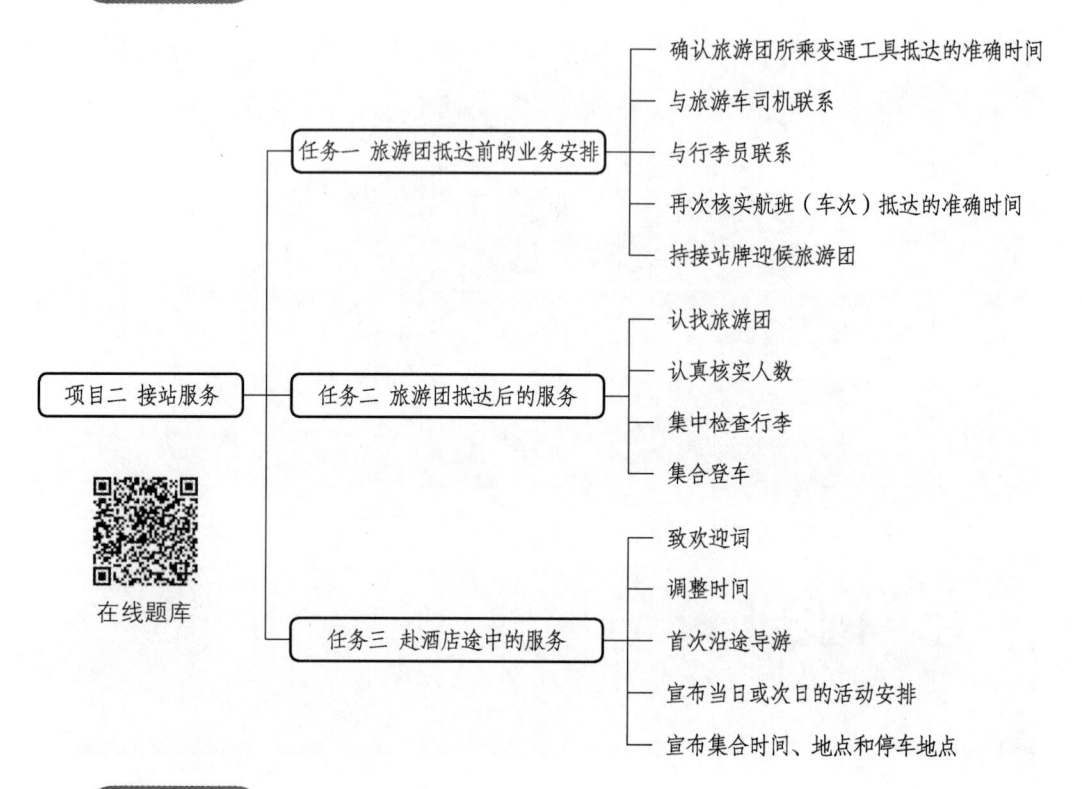

- 项目二 接站服务
  - 任务一 旅游团抵达前的业务安排
    - 确认旅游团所乘变通工具抵达的准确时间
    - 与旅游车司机联系
    - 与行李员联系
    - 再次核实航班（车次）抵达的准确时间
    - 持接站牌迎候旅游团
  - 任务二 旅游团抵达后的服务
    - 认找旅游团
    - 认真核实人数
    - 集中检查行李
    - 集合登车
  - 任务三 赴酒店途中的服务
    - 致欢迎词
    - 调整时间
    - 首次沿途导游
    - 宣布当日或次日的活动安排
    - 宣布集合时间、地点和停车地点

在线题库

学习目标

知识目标：

1. 熟悉地陪导游接站服务环节的主要内容和要求。
2. 掌握欢迎词的主要内容。

能力目标：

1. 能按时集合游客登车，并清点人数。
2. 会致欢迎词。
3. 能够进行首次沿途导游讲解。

项目情景

时间：6月21日。

地点：接站地（兰州中川机场）。

人物：地陪小李、司机、全陪、游客。

事件：小李按照旅行社接团通知要求，提前到达接站地与司机汇合，做好各项接站工作，热情、友好、准时地迎接旅游团的到来。

任务一　旅游团抵达前的业务安排

【任务描述】

任务内容	成果形式	完成单位
2人一组扮演地陪导游与司机，模拟到达接站地点后，与司机商定旅游车的具体停车位置，并告知司机旅游团活动日程等情景	现场展示	小组
按照旅游团接站要求，提前30分钟到达接站地，确认旅游团抵达准确时间，并完成本节课"任务实践"中相关内容	文本	个人

【知识储备】

旅游团抵达前的业务安排

一、确认旅游团所乘交通工具抵达的准确时间

接团当天，地陪应及早与旅游团全陪或领队联系，了解旅游团所乘交通工具的运行情况，尤其是在天气恶劣的情况下，应随时掌握旅游团的动向，了解其抵达的准确时间。此外，地陪还可以通过查询航班、火车动态信息的App，或向机场（车站、码头）问询处问清旅游团所乘交通工具到达的准确时间。

二、与旅游车司机联系

确定该团所乘的交通工具到达的准确时间后，地陪应与旅游车司机联系，与其商定出发时间，确保旅游车提前半小时抵达接站地点，并告知司机旅游团的活动日程和具体时间。到达接站地点后，与司机商定旅游车的具体停车位置。

三、与行李员联系

若为旅游团配备了行李车，地陪应提前与行李员联系，告知旅游团的名称、人数和行李运送地点。

四、再次核实航班（车次）抵达的准确时间

地陪在到达接站地点后，应再次通过App、问询处或航班（车次）抵达显示牌确认航班（车次）抵达的准确时间。如获悉所接航班（车次）晚点，但推迟时间不长，地陪

可留在接站地点继续等候旅游团；如推迟时间较长，应立即将情况报告地接社有关部门，听从安排。

五、持接站牌迎候旅游团

旅游团所乘交通工具抵达后，地陪应在旅游团出站前，通过电话、微信或短信联系对方，并持接站牌站立在出口的醒目位置，面带微笑，热情迎旅游团。接站牌上要写清团名、领队或全陪姓名，接小型旅游团或无领队无全陪的旅游团要写上游客的姓名。

微语录

时间观念反映了一个人的工作态度和生活态度。导游人员要增强自己的时间观念，在接站中至少保证提前半小时到达接站地点，确保接站服务的准时、优质、高效。

【任务实践】

本次旅游团所乘交通为 飞机/火车/高铁 （航班号或车次_____），预计抵达时间为____月____日____时____分，接站地点：_____。

1. 确认旅游团所乘交通工具和到达的准确时间。
（1）与全陪联系，了解旅游团所乘交通工具抵达的准确时间。
（2）地陪查询航班、火车动态信息的 App。
查一查：
常用查询航班、火车动态信息的 App 有哪些？

_____
_____
_____

小贴士

飞猪旅行、航旅纵横、飞常准、南方航空、实时航班、中国东航、航班管家、去哪儿旅行、携程旅行、飞行加、铁路 12306 等 App，都可以及时查询飞机航班和火车的动态信息。

（3）抵达机场（车站、码头）问询处问清旅游团所乘交通工具到达的准确时间。

2. 与旅游车司机联系。

提前 30 分钟达到接站地：_____时_____分达到_____。

（1）地陪应与旅游车司机联系，与其商定出发时间，确保旅游车提前半小时抵达接站地点。

（2）告知司机旅游团活动日程和具体时间。

> 情景模拟：一人扮演地陪、一人扮演司机，模拟地陪告知司机旅游团活动日程和具体时间等情景。

（3）与司机商定旅游车的停车位置。

3. 与行李员联系。

该旅游团没有配备行李车，地陪无须与行李员联系。

4. 再次核实航班（车次）抵达的准确时间。

地陪在到达接站地点后，再次通过 App、问询处或航班（车次）抵达显示牌确认航班（车次）抵达的准确时间。

5. 持接站牌迎候旅游团。

【典型案例】

认真核实——预防漏接的法宝

老刘是北京某国际旅行社的导游，负责接待一个来自香港的系列团。按照接待计划，这个团原本是乘香港航空公司的班机于下午 3 点到达北京。老刘以前已经顺利地接待过很多这样的团，因此就有一点放松，认为只要按照计划的程序来做就行了。

谁知接团的那天早晨，计调告诉他计划有变化，该团改乘澳门航空公司的班机抵京，航班虽然改变，但是时间未变，还是下午 3 点到达北京。中午 1 点，老刘和司机正要去机场接团时，接到该团领队的电话，说该团已于中午 12 点到达，无人接机，他们已乘出租车前往宾馆。老刘大吃一惊，暗自纳闷，怎么会这样呢？等他和司机赶到宾馆时，客人正在用午餐，领队十分气愤，抱怨连连，坚决要求导游退还他们的午餐费用（其实计划里并无午餐）。老刘打电话询问计调人员，他们回答：对方发来的计划传真的确只更改了航班，并未更改班机抵达的时间。老刘就此事向该团领队做了解释，同时，为了顾全大局，也支付了他们的餐费。

由于第一天的漏接，老刘缺乏与客人的第一次交流，带这个团时总有些别扭，后来虽然经过努力，也让游客满意了，但是毕竟留下了一些遗憾。事后想来，如果当初往问询处打个电话，认真核实一下，就不会有这种遗憾了。

【分析】

本案例中出现了漏接，即旅游团（者）抵达站后，无导游迎接的现象。本案例中出现漏接的原因主要有三点：一是原定班次变更使旅游团提前到达，但组团社发的变更通知不详细；二是地接社计调工作不细致；三是地陪没有做好旅游团抵达前的服务安排。

在此，笔者着重分析地陪的不当之处。

按照地陪服务程序，地陪应在接站出发前确认旅游团所乘交通工具的准确抵达时间。按照惯例，接站出发前，要在飞机预订的抵达时间前两个小时进行确认，在火车、轮船预订的抵达时间前一个小时进行确认。确认的方法是与机场、车站、码头的问询处取得联系，得知是准确到达还是晚点到达。如果是晚点到达，须询问准确的到达时间，并与之保持热线联系。如果是早到，需询问准确的到达时间，须与司机及时联系。如果老刘提前打电话向航空公司询问航班抵达的时间，能够严格按照规范实施接待，也就能避免后来的事故。

漏接的预防包含以下几个方面：

1. 认真阅读接待计划。地陪接到任务后，应了解旅游团抵达的日期、时间、接站地点等事宜，认真核对清楚。

2. 核实交通工具到达的准确时间。旅游团抵达当日，地陪应与地接社有关部门联系，了解是否有了新的变更通知，并及时与机场、车站或码头联系，核实抵达的确切时间。

3. 提前到达接站地点。导游人员应与司机商定好出发时间，保证按规定提前半小时到达接站地点。

【技能提升】

情景模拟：以小组为单位，分别扮演地陪导游、司机和全陪，模拟地陪与相关人员接团前的沟通情景。

【知识检测】

◆ 判断题

1. 地陪做好旅游团的接站工作是向游客提供良好服务的前提。（　　）

2. 地陪接了一旅游团，团队预计2月14日上午10：30抵达机场，由于地陪乘地铁从家到机场只需要10分钟，所以地陪应于2月14日上午10：00从家出发前往机场接机。（　　）

◆ 单选题

1. 地陪在出发接团前，通常应提前（　　）到达与旅游车司机商定的见面地点。
A. 10 分钟　　　　B. 15 分钟　　　　C. 20 分钟　　　　D. 30 分钟

2. 地陪通常应提前（　　）抵达迎接旅游者的机场（车站、码头），并与司机商定旅行车停放位置。
A. 10 分钟　　　　B. 15 分钟　　　　C. 20 分钟　　　　D. 30 分钟

3. 在接团当天，地陪应及早与有关方面联系，了解旅游团（　　）。
A. 实际人数　　　　　　　　　　B. 人员情况
C. 特殊要求　　　　　　　　　　D. 抵达的准确时间

4. 为了解所接旅游团班机抵达的准确时间，地陪通常应在飞机抵达预订时间前（　　）同机场问询处联系。
A. 2 小时　　　　B. 3 小时　　　　C. 4 小时　　　　D. 5 小时

5. 地陪到达机场后，得知所接旅游团所乘航班晚点，但晚点时间不长，地陪应该（　　）。
   A. 继续在机场等待 B. 立即将情况报告接待社
   C. 与司机商量返回 D. 立即将情况报告组团社
6. 地陪到达机场后，若得知所接旅游团所乘航班晚点时间较长，地陪应该（　　）。
   A. 继续在机场等待 B. 立即将情况报告接待社
   C. 与司机商量返回 D. 立即将情况报告组团社
7. 地陪在接小型旅游团或无领队、无全陪的散客旅游团时，要在接站牌上写上（　　），以便客人能主动与地陪联系。
   A. 接待社名称　　B. 组团社名称　　C. 导游姓名　　D. 旅游者姓名

◆ 多选题

1. 在旅游团抵达前，地陪了解旅游者所乘交通工具抵达的准确时间的途径包括通过手机（　　）。
   A. 与旅游团的全陪联系　　B. 与旅游团领队联系　　C. 与上一站旅行社联系
   D. 与接待社计调部联系　　E. 与机场（车站、码头）问询处联系
2. 地陪与旅游司机见面后应告知司机（　　）。
   A. 旅游活动日程　　B. 旅游团性质　　C. 出发具体时间
   D. 旅游团构成　　　E. 旅游者的要求
3. 如果地接社为旅游团安排了行李车，地陪应与该车司机联系，告知旅游团（　　）。
   A. 抵达的时间　　B. 抵达的地点　　C. 就餐的餐馆
   D. 下榻的饭店　　E. 游览的景区
4. 地陪导游服务程序中的迎接服务包括（　　）。
   A. 迎接旅游团抵达前的服务安排　　B. 旅游团抵达后的服务
   C. 旅游团赴饭店途中服务　　D. 在饭店与领队核商日程
   E. 行李运抵饭店服务

任务二　旅游团抵达后的服务

【任务描述】

任务内容	成果形式	完成单位
以小组为单位，模拟地陪导游认找旅游团，核实人数，并集合登车的情景	现场展示	小组
按照旅游团接站要求，迎接旅游团，并完成本节课"任务实践"中相关内容	文本	个人

【知识储备】

旅游团抵达后的服务

一、认找旅游团

游客出站时,地陪应尽快认找所接旅游团。认找的方法是地陪站在明显的位置举起接站牌或导游旗,以便领队、全陪(游客)前来联系。与此同时,地陪应通过手机与全陪或领队联系,了解游客出站情况。此外,还可根据游客的民族特征、衣着、组团社的徽记、人数等分析判断或上前委婉询问,问清该团团名、领队、全陪的姓名以及游客人数,以防错接。

二、认真核实人数

接到应接的旅游团后,地陪要向领队(游客)做自我介绍,并与领队和全陪核实实到人数。如与计划的人数不符,要及时通知旅行社,以便安排住宿、餐饮上的变更。如所接旅游团无领队和全陪,地陪应与旅游团成员核对团名、人数及团员姓名。

三、集中检查行李

若旅游团是乘飞机抵达的,地陪应协助该团游客将行李集中到指定的位置,提醒游客检查各自的行李物品是否齐全、是否有行李被损坏。若有行李被损坏,地陪应协助游客找机场的有关部门进行赔偿处理。若旅游团配备了行李车,地陪应与领队、全陪、地接社行李员一起清点和核对行李件数,并请全陪填写行李卡。行李卡上应注明团名、人数、行李件数、所下榻的酒店。行李卡一式两份,由全陪和行李员双方签字。

四、集合登车

地陪要提醒游客带齐行李物品,引导游客前往旅游车停放处。旅游车司机应当打开大巴车底层的行李柜或汽车后备厢,帮助游客码放行李。地陪要站在车门旁,搀扶或协助游客上车。游客上车后,地陪应帮助游客将放在行李架上的手提行李整理齐顺,尤其注意行李架不得存放大型或重型行李,以免意外掉落砸伤游客。待游客坐定后,地陪要做好的第一件事是礼貌地清点人数,清点无误后方可示意司机开车。

为了保证安全,地陪应当坐在导游专座上。2016年4月,国家旅游局和交通运输部联合下发了《关于进一步规范导游专座等有关事宜的通知》,规定旅游客运车辆需要设置"导游专座",导游专座应设置在旅游客运车辆乘客前门侧第一排的乘客座椅靠通道侧位置上。旅游客运企业在旅游服务过程中,应配备印有"导游专座"字样的座椅套以提示游客不要占据该座位,旅行社制订团队旅游计划时,应根据游客与导游合起来的总人数,预订足够座位的旅游客运车辆。地陪进行途中讲解时,应提醒司机放慢车速并保持匀速前进状态。当汽车高速行驶时,禁止导游在车内站立讲解。

> **微语录**
>
> 导游见到游客态度要热情、友好，服务要细致、周到。在从出口到停车位置的转移过程中，地陪、全陪和领队要分工协作，确保游客的安全。

【任务实践】

地陪导游持接站牌在出站口迎候旅游团，做好旅游团抵达后的认找、核对等工作。

一、主动认找旅游团

列车到达后，地陪小李手持接站牌在出口处等待全陪（游客）前来联系，或根据人群规模、组团社徽记等主动上前询问，在出口找到旅游团，和全陪问候握手，向全团微笑问好。

> **小贴士**
>
> 接到游客后应真诚地向游客道一声"各位辛苦了"或"大家辛苦了"，而且要保证在场的全体队员听到亲切的问候声，然后主动介绍自己的单位及姓名，如果有比自己职位高的旅行社同事在场，应先把自己的同事介绍给大家。

二、认真核实人数

确认接到旅游团后，立刻核实实到人数，如果发现有增加或减少旅游者的情况，要及时通知旅行社接待部的负责人，以便及时与酒店联系退掉多余房间或增订房间，妥善安排订餐情况。

> **小贴士**
>
> 地陪如果接待的旅游团没有领队和全陪，则应该与旅游团成员核对团名、人数及团员姓名等信息。

三、集中检查行李

地陪要提醒游客提取行李并核对行李件数是否无误,提醒旅游者检查行李是否完整无损。

四、集合登车

地陪提醒游客带好行李和随身物品,手持导游旗,引导游客来到已安排好的旅游车旁,协助游客登车。上车后,地陪应协助游客就座,检查行李架上的行李物品是否放稳,礼貌地清点人数,客人到齐后再请司机开车。

> **小贴士**
>
> 导游引导礼仪:导游在引导时,应主动走在外侧,请游客行走于内侧;在单行道行进时,导游行走在前面,使游客行走于其后,以便为游客带路。在转弯或有楼梯时,导游要提前示意或提醒游客;引导时不要影响游客观赏的视线,且要按游客的步速行进。

注意:
(1)导游清点人数时应五指并拢,以默数的方式进行清点。
(2)切勿用食指点人数。
(3)也不能拿着导游旗点人数。

【典型案例】

导游接站的三忌——扛着导游旗,点着兰花指,数着123

某年6月,C市某旅行社接待部经理老马分别跟了几位年轻导游的团,旨在检查督促,改进工作。5个团跟完后针对接站这一环节,他对其中的两位导游小钟和小张提出了批评:"小钟,你在接团后,带着游客从出站口到停车场的过程中一直扛着导游旗,颇为不雅。小张,你接到团后,在游客上车后清点人数时,你用手指点着游客数数,嘴里还123,念念有词的,这可千万要不得!非常不礼貌,希望以后你们不要出现相同的错误。"小钟和小张听完马经理的批评后表示,今后在上团的过程中会更认真,更注重细节。

【分析】

本案例讨论的是导游接站的三忌——扛着导游旗,点着兰花指,数着123。这种情况是导游最初带团时比较容易犯的错误,虽然有时是无心的,但是很忌讳的。

导游人员工作在第一线,导游的形象不仅代表个人,还代表着一个旅行社、一个城市甚至一个国家的形象。扛着导游旗的导游给游客的第一印象是精神萎靡,没有热情,这给游客传递的是一种不良的感觉和气氛,给游客留下的第一印象不好,对游客来说也是不礼貌的。礼仪常识告诉我们，只有清点物品或家禽时，才可以用手指点着，嘴里数着数。但是清点人数时用手指着客人，嘴里还数着 123，这种做法是极其不礼貌的。同样不礼貌的做法是用导游旗指着游客数数。

正确的做法是：站在车头，心里默数游客人数；游客人数较多时也可以从车头走到车尾，手指不能点着客人，一边走一边用两手轻扶椅背，在心里默数人数。

【技能提升】

情景模拟：以小组为单位，模拟游客抵达时，地陪认找、核对旅游团情景。

情景模拟：以小组为单位，模拟游客抵达时，地陪集中检查行李和集合登车等服务情景。

【知识检测】

◆ 判断题

1. 地陪导游与全陪导游、领队等接头后，应核实游客的实到人数。如果发现旅游团的人数与接待计划不符，地陪导游应及时通知组团社的计调部门。（   ）

2. 地陪接到旅游团集合登车后，用手指逐一清点人数，清点无误后示意司机开车。（   ）

3. 游客上下车时，地陪导游应恭候在车门旁，热情地搀扶和协助每位游客。（   ）

◆ 单选题

1. 在旅游团抵达的机场（车站、码头）找到旅游团后，地陪应问清旅游团的团名、领队、全陪导游的姓名以及旅游者人数，（   ）。

    A. 以防错接　　　B. 以防误会　　　C. 以防漏接　　　D. 以防空接

2. 接到应接的旅游团后，地陪应与领队和全陪核实旅游团的（   ）。

    A. 行李件数　　　B. 日程安排　　　C. 实到人数　　　D. 特殊要求

3. 地陪在提醒游客带齐随身手提物品后，在前方引导他们到达停车位置，（   ），面带笑容搀扶或协助他们上车。

    A. 领队身前　　　B. 司机左侧　　　C. 全陪右侧　　　D. 车门一侧

4. 地陪前往机场接机，到达机场经询问旅游团乘坐的航班晚点 5 小时，地陪应（   ）。

    A. 原地等候　　　　　　　　　　　B. 报告旅行社，听从安排

    C. 回家等候　　　　　　　　　　　D. 先完成其他工作

5. 地陪认找旅游团的时候，要核实团队除了（   ）外的基本信息，以防接错。

    A. 旅游团团名　　　　　　　　　　B. 领队、全陪的姓名

    C. 游客人数　　　　　　　　　　　D. 游客年龄

◆ 多选题

1. 如果地陪在接到旅游团后发现该团人数发生了变化，应及时通知旅行社，变更旅游团的（   ）安排。

    A. 餐饮　　　B. 用车　　　C. 住宿　　　D. 游览　　　E. 购物

2. 游客出站时，地陪除了根据组团社徽记、人数等分析，还可根据游客的（   ）判断，尽快认找所接的旅游团。

   A. 性格　　　　　　B. 衣着　　　　　　C. 行李
   D. 民族特征　　　　E. 表情动作

任务三　赴酒店途中服务

【任务描述】

任务内容	成果形式	完成单位
模拟地陪导游致欢迎词，并进行沿途导游讲解	现场展示	小组
按照接站服务要求，做好赴饭店途中服务，完成本节课"任务实践"中相关内容	文本	个人

【知识储备】

如果旅游团到达后先要入住酒店或用餐，从机场（车站）出来，旅游车会把旅游团送往下榻酒店。旅游车一开动，地陪的讲解服务就正式开始了。此时是地陪与游客的第一次见面，彼此互不相识，需要地陪尽快投入角色，营造和谐气氛，缩短彼此的心理距离，给游客留下美好的第一印象，使游客对地陪产生信任感。

赴饭店途中的服务

从机场（车站、码头）前往下榻酒店的行车途中，地陪除了要表现出热情友好的态度之外，还应在气质、学识和语言方面展现其职业素养，以赢得游客信赖，给他们留下可靠的第一印象。在前往下榻酒店的行车途中，地陪要做好如下几项工作：

一、致欢迎词

致欢迎词是地陪给游客留下良好第一印象的重要环节，一般应控制在 5 分钟左右。

欢迎词的内容应视旅游团的性质及其成员的文化水平、职业、年龄及居住地区等情况而有所不同，要有激情、有特点、有新意、有吸引力，快速把游客的注意力吸引到自己身上来，给游客留下深刻印象。欢迎词一般包括以下内容：

1. 使用问候语真诚问候游客，如"各位来宾、各位朋友，大家好"。
2. 欢迎语代表所在旅行社、本人及司机欢迎游客光临本地。
3. 介绍语介绍自己的姓名及所属单位，介绍司机。
4. 希望语表达提供服务的诚挚愿望，希望得到全团的配合。
5. 祝愿语预祝游客旅游愉快顺利。

二、调整时间

这项工作是针对刚刚入境的国际旅游团而言的。地陪在致完欢迎词后要向客人介绍两国的时差,并请游客调整好时间。

三、首次沿途导游

地陪要认真做好首次沿途导游,这不仅可以满足游客初到一地的好奇心和求知欲,而且也是展示自己气质、学识、语言水平的大好时机,有利于导游树立良好形象,增进游客对导游的信任感和满足感,为此后旅游活动的顺利开展打好基础。首次沿途导游的内容主要包括以下几点:

(一)本地概况介绍

地陪应在行车途中向游客介绍本地的概况,包括地理位置、行政区划、气候、人口、风物物产、居民生活、文化传统、历史沿革等。

(二)风光风情导游

地陪应在行车途中对道路两边的人、物、景做好风光风情介绍,以满足游客初到一地的求知欲。风光风情的讲解要简明扼要,语言节奏要明快清晰,景物取舍要恰当,要见人说人、见物说物,与游客的观赏同步,可适当采用类比的方法使游客听后有亲切感和对比感。为此,地陪要反应灵敏,把握好时机。

(三)介绍下榻的酒店

在旅游车到达酒店之前,地陪还应向游客介绍他们下榻酒店的基本情况,包括酒店的名称、位置、距机场(车站、码头)的距离、星级、规模、主要设施设备与使用以及入住手续和注意事项等(如途中行车距离短,这部分内容也可在游客进入酒店后介绍)。

四、宣布当日或次日的活动安排

在首次沿途导游后,地陪应尽快与领队、全陪商量当日或次日活动安排,包括叫早时间、早餐时间和地点、集合时间和地点,旅行线路等,商定后地陪应向游客宣布当日或次日的活动安排,并提醒游客做好必要的参观游览准备。

五、宣布集合时间、地点和停车地点

旅游车驶进下榻酒店后,地陪应在游客下车前向其讲清下次集合的时间、地点(一般在酒店大堂)和停车地点,让其记住旅游车的颜色、车型和车牌号,并提醒他们将手提行李和随身物品带下车。与此同时,要再次跟司机确认第二天旅游团出发的时间,提醒司机提前到达酒店。

微语录

首次导游,要根据旅游者的年龄、文化层次来调整讲解节奏和讲解内容,要结合沿途所见景物进行讲解,做到与游客的观赏同步,让游客对将参观的城市有所了解,要把游客最关心、最感兴趣、在今后旅游生活中最实用的知识都讲到。

【任务实践】

一、车内致欢迎词

致欢迎词

一段完整的欢迎词往往与首次沿途导游相结合。致欢迎词可以让游客对旅游活动有安全感,对导游产生信任感,解除心理紧张;在欢迎词中,通过向游客介绍目的地的大致情况,让游客产生向往之情;致欢迎词也可以在短时间内缩短导游与游客之间的距离,从而造就轻松愉快的气氛。当然,导游在致欢迎词时,应饱含感情,但表达又不宜过于强烈,过度的热情与慷慨激昂会给人虚假造作之感。

【欢迎词范例】

尊敬的各位嘉宾:

大家好!首先我代表甘肃YH国际旅行社欢迎大家来大美甘肃旅游!很荣幸认识大家,更荣幸能成为大家的导游。

首先做一下自我介绍,我姓李,名字叫×××,这位司机先生姓安,希望我们的服务能让大家满意。

我们的车辆虽然不大,但却能容纳五湖四海,因在座的朋友们来自祖国不同的地方,有道是"有缘千里来相会"。既然我们能从14亿多人口中,从960多万平方千米的土地上,于同一时刻走到一起,相聚在我的家乡甘肃,相聚在这小小的车辆里,这就是缘分!相信各位朋友都能十分珍惜人生旅程中这段同行的缘分,在接下来的旅游活动中彼此关照,进一步加深我们之间的友谊。想必在座大多数人是第一次来甘肃,对甘肃还比较陌生。但不要紧,大家尽可放松身心,尽情享受旅游的乐趣,因为我和安师傅是值得信赖的,一定会尽力为大家做好各种服务,因为我们的城市是值得信赖的,一定会使您体会到"宾至如归""在家千日好,出门也不难"的感觉。我们这里有好山好水,还有好人,能送给您一份好心情,希望这份好心情能伴随您一生一世。

既然我们已经认识了,在此给大家提几点要求,想必大家不会见怪。第一,因为在座各位的生活习惯和爱好不同,希望有烟瘾的朋友,尽量不要在车里抽烟;第二,大家看,我们的城市比较干净,希望大家不要把瓜果皮核等杂物扔到窗外;第三,大家都希望在短时间内能多看景物，所以请大家一定遵守时间。最后，还有一个要求，那就是在座的朋友们如果在旅游中有什么困难和特殊要求，请一定不客气地提出来，我们一定会尽力帮助您解决。

根据预订的计划，我们今天的旅游路线是这样的（介绍行程）……我和司机将努力工作，让大家有圆满的游程。祝大家在甘肃旅游期间身体健康，旅游愉快！

二、首次沿途导游讲解

首次沿途导游讲解-甘肃概况

首次沿途导游要眼疾手快，反应敏捷，与车外景观紧密结合。另外，城市风情要介绍"7个要素"。按照这模式，就有提纲在心中，不会忘词。七要素包括：①地理；②地位；③概况：如有几个区、县、总人口（其中市区人口）、总面积（其中市区面积）、民族等；④历史；⑤现代化程度：如城建、交通、经济等；⑥主要景点；□特产（含小吃）。抓住这7个要素，就可以不变应万变，任何城市都可套用，讲解中也不会忘词。

【首次沿途导游范例】

各位游客，我们今天入住的酒店是位于兰州市区的××酒店，距离机场80多公里，行车需1小时左右。利用这段时间，我给各位简要介绍一下甘肃概况。

甘肃，简称"甘"或"陇"，以古甘州（今张掖）、肃州（今酒泉）两地首字而得名。古代的丝绸之路和新亚欧大陆桥穿省而过。甘肃位于中国西北部，黄河中上游。其地理位置正好连接了三大高原：黄土高原、内蒙古高原和青藏高原，又与陕西、四川、青海、新疆维吾尔自治区、内蒙古自治区以及宁夏回族自治区毗邻。甘肃省总面积为42.58万平方公里，截至2024年年末，甘肃省常住人口2 458.34万人，省会为兰州。甘肃省的辖区包括14个地、州、市和86个县级市、市辖区，全省共有45个民族，包括汉族、回族、满族、哈萨克族、裕固族、东乡族和保安族等，其中裕固族、保安族和东乡族为甘肃特有的少数民族。甘肃省地形狭长，从地图上看，状似一柄玉如意——在中国，这是个象征幸运的吉祥物；地势由西南向东北倾斜。甘肃的最高峰为祁连山的团结峰，海拔5 808米，最低点为白龙江峡谷底部，海拔仅为550米。甘肃地貌复杂多样，山峰、峡谷、草原、高原、沙漠及戈壁交错分布。甘肃省属于温带大陆性气候，大部分地区气候干燥，年平均降水量约为300毫米，而且地区差异性很大。年平均气温处于4~14 ℃。终年日照充足，太阳辐射强烈，早晚温差较大。甘肃省自然资源丰富，已经发现的矿物质有140多种，其中，镍、铅、锌和铂的储藏量在全国都占有相当重要的地位。甘肃也是重要的中草药产地之一，这里生长着1 500多种天然药物，在全国排名第二。百合、党参、木耳、蕨菜等在国内外都享有盛名。甘肃省为800多种野生动物提供栖息地，包括一些珍稀动物，如大熊猫、金丝猴、麋鹿、山猫等。

早在古代，甘肃的丝绸之路就为中国和西方国家的经济文化交流作出重大贡献。如今，甘肃已经建立了方便的交通网络，公路、铁路和航空线都直接与外界相通。甘肃的行政机构正式建立于元代（1271—1368年）。在此之前，北宋（960—1127年）初期，西夏政权在甘州（今张掖）设甘肃军司，"甘肃"的名称首次被使用。

甘肃是中华民族的诞生地之一，也是中国古代文明的摇篮。甘肃的悠久历史见证了始祖文化、黄河文化、长城文化和丝绸之路文化的演变，也留下了众多的历史遗迹。丰富的文化遗产成为甘肃独特的旅游资源。早在旧石器时代，我们的祖先就在这片土地上生活、劳作。中华民族两位伟大的祖先伏羲和神农在这里开启了中华文明的曙光。周朝（公元前1046—公元前256年）和秦朝（公元前221—公元前206年）统治时期就把甘肃东部地区作为它们的基地，不断发展壮大并统一中国。西汉（公元前206—公元25年）时期，河西地区的迅速发展使甘肃更加繁荣。由于西汉统治者采取对外开放政策，闻名世界的丝绸之路得以开通。悠久的历史和璀璨的文化为甘肃提供了丰富的人文资源，为甘肃旅游业的发展提供了极为有利的条件。目前，甘肃省共有360多个已经开发或正在开发的旅游点，有着各自不同的主题和风格。

我们入住的酒店马上就到了，下面我简单地介绍一下酒店的情况…………

各位游客朋友们，过不了多久，就会到达在游览期间我们所要居住的地方——兰州××酒店。该酒店是甘肃省首家以五星级酒店标准设计和兴建，集商务、餐饮、娱乐、健身、购物于一体的综合性酒店。

兰州是全国唯一一座黄河穿城而过的城市，××酒店的设计灵感就迸发于古老的黄河文化。站在黄河母亲河畔，观赏××酒店的主体大楼，仿若黄河之水天上来一般，一层层奔腾而下，气势雄浑。祥云、彩陶、黄河水、敦煌文化这些经典独特的甘肃文化元素与现代设计手法交相辉映在酒店的屋顶、地面、墙体、装饰，甚至不易被察觉的玻璃镜面上，在现代之美中营造出独具特色的本土韵味，于华丽典雅中平添一种轻灵隽永。

如此好的一个酒店，一定会让大家在游览期间休息好，有更多的精力去游玩。好了，游客朋友们，我们已经到达酒店，请大家有序下车，拿好自己的物品。

三、宣布当日或次日的活动安排

接下来的活动安排：_____。

集合时间：_____。

集合地点：_____。

车牌号码：_____。

【典型案例】

精彩的欢迎词赢得了未来同行的信赖

河北廊坊某旅行社导游小胡接到社里通知，明天要带领本市一大专院校二年级导游专业的老师和学生旅游实习一天。因为都是专业人士，要获得大家的肯定不容易。小胡了解到带队老师和学生大多是河北人，所以准备了这样一段欢迎词。

……大家从燕赵大地会聚于此，成为一个团队，是莫大的缘分。今天我能为在座的各位老师和学生担任此次旅游实习的导游，我感到骄傲、忐忑与欣慰。为什么这么说呢？

河北燕赵大地，历朝历代出了众多的仁人志士、英雄豪杰。

逐鹿中原的黄帝在河北立下了赫赫战功；

创立了望闻问切四诊法的名医扁鹊是咱们河北人；

完璧归赵的蔺相如是河北人；

敢于负荆请罪的廉颇是河北人；

建立了蜀汉政权的刘备是河北人；

刘备手下的文臣武将大多也是河北人；

我国五四运动的先驱李大钊是河北人；

舍身炸碉堡的董存瑞也是咱们河北人。

河北是藏龙卧虎之地，出了那么多的历史名人，各位想必也是名师出高徒，所以能为咱们河北人而且是旅游专业的河北人做导游，我当然感到骄傲和忐忑。

"还有一年同学们就要毕业了，大家将会走向旅行社、酒店等不同的旅游单位，我们将成为同行，也许还有可能和在座的某位成为同事，我们河北的旅游事业又将注入新鲜的血液，我非常欣慰，也很期待。在这里我预祝大家学习进步，身体健康！……"此时大家报以热烈的掌声。

【分析】

致欢迎词是地陪第一次与游客进行的信息交流和情感交流活动，成功地完成这个环节，能够使地陪在游客面前树立良好的形象和较高的威信，帮助游客迅速消除因陌生而带来的恐惧感，增加信心，从而激发他们的游兴，为建立良好的对客关系和顺利完成旅游计划奠定心理基础。通常情况下，欢迎词应包括以下内容：

1. 代表所在地接社、本人及司机欢迎游客光临本地；
2. 介绍自己的姓名及所属单位；
3. 介绍司机；
4. 表达提供服务的诚挚愿望；
5. 预祝旅游愉快顺利。

在实际的接待工作中，有诸多因素会影响欢迎词内容的选择。譬如旅游团队的性质、游客的文化素质、团队前一站的经历、团队内部气氛等。因此，地陪一定要根据团队的实际情况致欢迎词。

一般来说，带专业团队相对来说有一定难度，尤其是团队中的游客都是做同行时。因为是同行，更了解旅游，会从专业的角度衡量导游的服务水准，而导游词也是考查导游水准的重要标准，带这种团要狠下功夫。

本案例中，导游小胡抓住了游客是导游班学生而且大多是河北人这一细节，用一段精彩的欢迎词既展示了河北深厚的文化底蕴，又称赞了老师和学生，所以能打动他未来的同行。一篇好的欢迎词，能让游客在最短的时间内建立起对导游的信任和认可。导游词不能千篇一律，热爱这个行业的导游要抓住团队的特点，把握细节，创作出不同风格的导游词，以展示导游多方面的风采。

【技能提升】

情景模拟：模拟地陪导游在旅游车上致欢迎词，课前根据所选场景准备好欢迎词。道具、欢迎词的创作风格自选。

导游词创作：每个同学自行选择接站地点（火车站或机场），设计一条从接站地点到下榻酒店或景区的线路，并根据线路的景物风光特点创作首次沿途讲解导游词。

情景模拟：根据设计的从接站地点到下榻饭店或景区的线路，模拟沿途导游讲解。

【知识检测】

◆ 判断题

1. 地方导游在接到旅游团后，从机场到酒店途中要进行风光导游，目的是满足游客初到一地的求知欲。（　　　）

2. 地陪导游途中讲解时，应提醒司机放慢车速并保持匀速前进状态。当汽车高速行驶时，导游应抓稳栏杆在车内站立讲解。（　　　）

◆ 单选题

1. 地陪在旅游团（者）面前的首次亮相是指（　　　）。
   A. 寻找游客　　　　B. 沿途导游　　　　C. 清点人数　　　　D. 迎接服务

2. 地陪在行车途中所做的沿途风光导游要与旅游者的（　　　）。
   A. 思维同步　　　　B. 观赏同步　　　　C. 需要一致　　　　D. 心理相符

3. 旅游车抵达下榻的酒店后，在下车前地陪应提醒旅游者（　　　）。
   A. 下车后在原地等候　　　　　　　　B. 下车后不要走散
   C. 带好手提和随身物品　　　　　　　D. 记住饭店的名称

4. 欢迎词的内容应视旅游团的性质及其成员的文化水平、职业、年龄及居住地区等情况而有所不同，要有激情、有特点、有新意、有吸引力，快速把游客的注意力吸引到（　　　）身上来。
   A. 旅游目的地　　　B. 导游自己　　　　C. 旅游景点　　　　D. 游客

5. 地陪接到旅游团后向旅游者做好首次沿途导游不仅能满足旅游者的（　　　），而且也是树立导游人员良好形象的大好时机。
   A. 生理需要　　　　B. 安全需要　　　　C. 心理需要　　　　D. 其他

6. 下列选项中不属于地陪导游欢迎词的内容是（　　　）。
   A. 问候语　　　　　　　　　　　　　B. 欢迎语
   C. 祝愿语　　　　　　　　　　　　　D. 致歉语

7. 境外旅游团客人登车后，地陪要做的第一件事是（　　　）。
   A. 致欢迎词　　　　　　　　　　　　B. 调整时差
   C. 清点人数　　　　　　　　　　　　D. 进行风光导游

8. 地陪给旅游者留下良好第一印象的服务环节是（　　　）。
   A. 致欢迎词　　　　　　　　　　　　B. 交通港迎接游客
   C. 入住饭店服务　　　　　　　　　　D. 景点导游讲解

◆ 多选题

1. 沿途风光导游是地陪首次向旅游者提供的导游服务，除了要有热情友好的态度之外，还应使自己的导游讲解做到（　　　）。

　　A. 内容简明扼要　　　　　　　　　　B. 语言节奏明快清晰
　　C. 方式方法多种多样　　　　　　　　D. 景物取舍恰当
　　E. 速度要与旅游者观赏同步

2. 地陪在向旅游团致欢迎词时应做到（　　　）。

　　A. 态度要热情　　　B. 内容要依情而异　　　C. 感情要真挚
　　D. 语言要朴实有趣　　E. 仪表要悠闲

3. 旅游车驶进下榻酒店后，地陪应在游客下车前向其讲清下次的（　　　）。

　　A. 停车地点　　　B. 旅行路线　　　C. 集合时间
　　D. 集合地点　　　E. 餐食特色

4. 地陪致欢迎词的主要内容有（　　　）等。

　　A. 向旅游者表示欢迎　　　　B. 介绍自己和司机　　　C. 介绍旅游活动日程
　　D. 表示提供服务的诚挚愿望　　E. 预祝客人在本地旅游愉快顺利

5. 地陪首次沿途导游的内容主要有（　　　）。

　　A. 致欢迎词　　　B. 风光导游　　　C. 酒店介绍
　　D. 地区情况介绍　　E. 行程介绍

【项目评价】

表 2-1　自我评价

序号	任务		评价等级			
			A	B	C	D
1	我已做好旅游团抵达前的业务安排	我已确认旅游团所乘交通工具和到达准确时间				
		我已与旅游车司机联系				
		我已做好各项准备持接站牌在出站口接站				
2	我能做好旅游团抵达后的服务	我会认找旅游团				
		我能核实人数				
		我能组织游客集中检查行李				
		我能引导游客集合登车				
3	我能做好赴酒店途中服务	我会致欢迎词				
		我会进行沿途导游讲解				

（评价等级：A 为优秀；B 为良好；C 为一般；D 为有待进步）

表 2-2 综合评价

评价要素	评价标准	自我评价	小组评价
学习态度	按时出勤、无迟到早退现象； 积极主动学习，有进取心； 学习目标明确，按时完成学习任务； 学习兴趣浓厚，求知欲强，养成自主学习的能力		
语言表达	能围绕主题，突出中心，语言得体； 表达有条理，语气、语调适当； 发音准确，吐字清晰，用词贴切，表情恰当，富有感染力		
应变能力	敢于提出问题，发表个人意见，提高口头表达和应变能力		
合作意识	能与同学共同学习，共享学习资源，互相促进，共同进步； 积极参与讨论与探究，乐意帮助同学； 在小组学习中主动承担任务		
探究意识	积极思考问题，提出解决问题的方法，有创新意识； 勤于积累，善于探索，思维活跃，反应灵敏		
情感态度	努力发展自己的潜能，能认识自我的优缺点； 遵守国家信息使用安全规范，明辨善恶		
信息化能力	会使用搜索引擎查找资料； 能够从搜索信息中筛选所需信息并分析归纳整理； 会使用办公软件处理文档，利用社交媒体进行交流学习		
综合评价	自我评价等级	签名： 年 月 日	小组评价等级	签名： 年 月 日
教师评价	激励性评语： 签名： 年 月 日		

（评价等级：A 为优秀；B 为良好；C 为一般；D 为有待进步）

【知识拓展】

致欢迎词要点

一、欢迎词内容要点

用词恰当，言语要符合导游的身份，给人可信之感，表达生动、有感染力，能让游客感受到导游热情的服务态度；条理清晰，详略得当，讲解技巧运用得当，忌浮夸做作；

针对性强。

二、语言表达要点

独白式导游语言的使用，表达富有激情，讲解有特点、有新意、有吸引力，能将游客的注意力转移到导游身上；语气热情亲切，幽默风趣自然，唤起游客宾至如归的情感，拉近与游客的距离，能带动游客的情绪并使其产生情感共鸣。

三、导游规范要点

欢迎词的创作符合基本构成；在欢迎词基本规范的写作基础上能做适当文采修饰，适当使用谚语、名言，提升欢迎词的内涵与感染力；自我评价时能恰如其分，做到自信、自得，能给游客留下热情、干练的第一印象。

四、应变能力要点

致欢迎词时掌握时机，等游客适应新环境、情绪稳定后再进行讲解；旅游车上应等游客放好物品、各自归位、安静片刻后才开始致欢迎词；主要接站点应等游客初到一地的兴奋稍事平复之后再开始致欢迎词。

五、仪容仪表要点

服饰、发型、化妆等清新自然；仪态大方，头正目平，面带微笑，肩平挺胸，立腰收腹，手臂自然下垂，两膝并拢或分开与肩平。不要两手叉腰或把手插在裤兜里，更不要有怪异的动作。

六、礼仪要点

若在接站点站立讲解，应双脚稍微分开（两脚距离不超过肩宽），将身体重心放在双脚上，上身挺直，一手持导游旗，一手自然下垂或双手相握置于身前以示"谦恭"或双手置于身后以示"轻松"。若在旅游车内讲解，应注意面对游客，可适当倚靠司机身后的护栏，也可用一只手扶着椅背或护栏致欢迎词。手持话筒，斜拿在嘴边，不要靠在嘴边，也不要遮住面部，目光兼顾所有游客。

项目三

入住酒店服务

项目引言

《导游服务规范》要求旅游团（者）抵达饭店时，导游应及时办妥住店手续，热情引导旅游者进入房间和认找自己的大件交运行李，并进行客房巡视，处理旅游团（者）入住过程中可能出现的各种问题。

因而当旅游团抵达酒店后，地陪的工作任务主要是协助领队和全陪办理住店手续，使旅游者尽早进入房间、取到行李；让旅游者及时了解酒店的基本情况和住店的注意事项；让旅游者知道当天或者第二天的活动安排。

任务导图

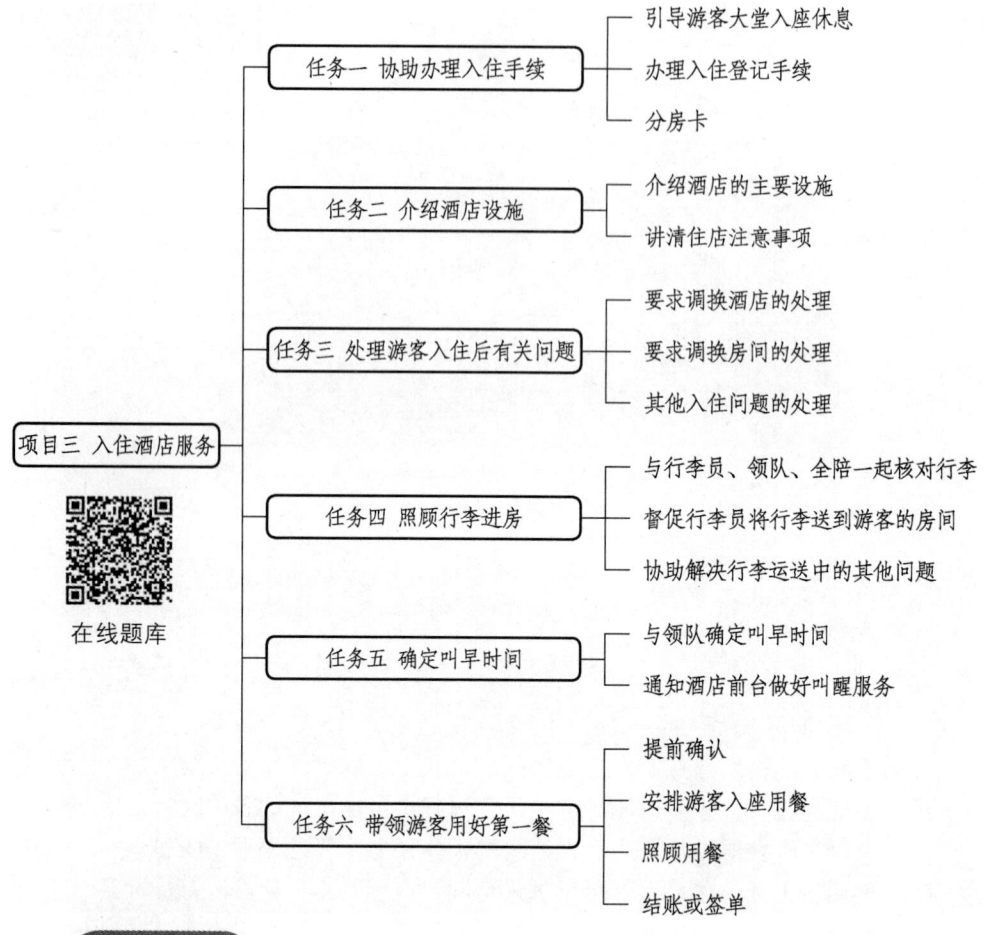

项目三 入住酒店服务

- 任务一 协助办理入住手续
  - 引导游客大堂入座休息
  - 办理入住登记手续
  - 分房卡
- 任务二 介绍酒店设施
  - 介绍酒店的主要设施
  - 讲清住店注意事项
- 任务三 处理游客入住后有关问题
  - 要求调换酒店的处理
  - 要求调换房间的处理
  - 其他入住问题的处理
- 任务四 照顾行李进房
  - 与行李员、领队、全陪一起核对行李
  - 督促行李员将行李送到游客的房间
  - 协助解决行李运送中的其他问题
- 任务五 确定叫早时间
  - 与领队确定叫早时间
  - 通知酒店前台做好叫醒服务
- 任务六 带领游客用好第一餐
  - 提前确认
  - 安排游客入座用餐
  - 照顾用餐
  - 结账或签单

在线题库

学习目标

知识目标：

1. 熟悉地陪导游入住酒店服务环节的主要内容和要求。
2. 掌握办理入住登记的流程和要求。

能力目标：

1. 会办理入住登记手续。
2. 能够处理游客在入住酒店期间的各类问题。

项目情景

时间：6月21日。

地点：兰州××假日酒店。

人物：地陪小李、全陪、酒店前台工作人员。

事件：旅游团抵达入住酒店，导游及时办理入住手续，并处理入住期间相关问题。

说明：入住其他酒店办理入住及相关问题的操作流程相同。

任务一　协助办理入住手续

【任务描述】

任务内容	成果形式	完成单位
2人一组模拟地陪导游在酒店办理入住登记的情景	现场展示	小组
按照旅游接待计划要求，完成本节课"任务实践"中相关内容	文本	个人

【知识储备】

游客进入酒店后，地陪应安排游客在大堂指定的位置休息，尽快向酒店前台讲明团队名称、订房单位，请领队或全陪收齐游客证件，与游客名单表一起交给酒店前台，尽快协助领队或全陪办理好住店登记手续。拿到客房号和住房卡（钥匙）后，请领队根据准备好的住房名单分发住房卡，并把分房情况迅速登记在分房名单表上，再请酒店前台人员将登记的分房名单复印两份，一份交酒店保存，另一份地陪留存，以便掌握领队、全陪和游客的房间号。此外，地陪还应在前台处领取印有酒店名称、地址和电话的酒店卡片分发给游客。如旅游团无领队，可请团长分房。如旅游团既无领队又无团长，则请全陪分房。

地陪原则上不在游客下榻的酒店留宿，若确有原因需要留宿的，应将自己的房号告知领队和全陪；若不留宿，在离开酒店前应将自己的电话号码告知全陪和领队，以便联系。

微语录

领队、全陪、地陪代表着各自旅行社的利益，但他们有共同的工作对象——游客，有共同的工作任务——为游客安排、落实食、住、行、游、购、娱等各项服务，执行旅游计划，还有共同的努力目标——组织好旅游活动，提高导游服务质量，让游客获得心理上的最大满足，物质上、精神上得到最大的享受。但在旅游服务中，地陪、领队和全陪有不同的工作职责，不能越权。

【任务实践】

一、先引导客人入座休息

将旅游团带至兰州××假日酒店前厅找地方让客人休息；地陪（全陪）取酒店宣传册给客人看，让他们了解酒店内中西餐厅、娱乐场所、商品部、公共洗手间等设施的位置。

二、办理入住登记手续

全陪协助，由地陪小李办理住店登记手续（住房名单一般由全陪事先准备好）。自订房间由全陪或游客办理，地陪协助。

三、分房卡

地陪将房卡、钥匙交由全陪，由其分发；地陪要记录下全陪和团员的房间号，并将自己的联系办法告知全陪：若地陪小李住在酒店，告知房间号与电话号码；若地陪小李不住酒店，告知联系电话，由全陪负责照顾好旅游团。

【典型案例】

分发房卡引起的风波

某年导游小李接待了C市一行18人的团队。第一天，他们来到K市的某大酒店。小李在办理入住登记时，全陪小金肚子疼，去了卫生间。等前台把9张房卡给小李时，全陪还没有回来。小李就对客人说："两人一间，大家自由组合吧！"于是游客很快把房卡拿走纷纷上楼了。

全陪这时才回来，听说小李已经把房卡分完了，突然问了一句："9间房间都在阳面还是阴面？"小李说："阴面4间，阳面5间。"全陪看了看小李道："你该让我来分房卡，希望没事。"

果然，晚餐后，就有一对住在阴面的夫妻来找小李，说他们房间没有阳光要换房，小李也清楚，现在是旺季，连阴面的空房都没有了，怎么可能换房。

最后在全陪的调解下，此事才得以解决。事后小李还纳闷，分房卡的时候怎么不早说？

【分析】

本案中的小李擅自帮全陪分房间，结果引起游客不满，可谓好心办了坏事。小李未注意一个细节，一般情况下，外宾团由领队分配房间，内宾团由全陪分配房间。在无全陪的情况下，如果游客来自同一个单位，可以请团长分配。散客拼团由地陪分配。

一般而言，酒店给旅游团的房间阴面、阳面、主楼、副楼都可能有，楼层也不尽相同，有个别游客可能会因此提出异议，所以，导游分配房间也要讲究工作方法。全陪（领队）全程和游客在一起，对游客的情况比较熟悉，有的游客可能会挑剔些，有的游客会比较好说话。全陪（领队）可视游客个人情况分配房间，以尽可能减少问题的出现。

【技能提升】

情景模拟：以小组为单位，扮演地陪、全陪和游客，模拟地陪办理入住的情景。

【知识检测】

◆ 判断题

游客抵达饭店后，地陪导游应主动办理住房登记手续，并请领队或全程导游向游客分发住房卡。（　　）

◆ 单选题

1. 旅游者抵达酒店后，地陪要协助领队办理（　　）手续。
   A. 入住酒店　　　　　　　　　　B. 行李运送
   C. 客房预订　　　　　　　　　　D. 餐饮安排
2. 地陪在（　　）之后，应向全团宣布次日的活动安排、集合时间与地点。
   A. 首次沿途导游　　　　　　　　B. 进入客房
   C. 参观游览　　　　　　　　　　D. 自由活动
3. 旅游团办理完酒店登记手续拿到住房号和住房卡（钥匙）后，地陪应请（　　）分发住房卡。
   A. 全陪　　　　　　　　　　　　B. 团长
   C. 领队　　　　　　　　　　　　D. 酒店前台人员
4. 若旅游团无领队，入住酒店的住房卡可由（　　）分发。
   A. 团长　　　　　　　　　　　　B. 全陪
   C. 地陪　　　　　　　　　　　　D. 酒店前台人员

◆ 多选题

1. 旅游团办理完入住酒店手续后，地陪应在酒店前台处领取印有（　　）的酒店卡片分发给旅游者。
   A. 酒店设施　　　B. 酒店名称　　　C. 酒店地址
   D. 酒店星级　　　E. 酒店电话
2. 若地陪不住酒店，应将自己的电话号码告知（　　）。
   A. 全陪　　　　　B. 酒店前台　　　C. 旅游者
   D. 领队　　　　　E. 司机

任务二 介绍酒店设施

【任务描述】

任务内容	成果形式	完成单位
以小组为单位，一人扮演地陪，其他人扮演游客，地陪为游客介绍酒店设施和入住期间的注意事项	现场展示	小组
完成本节课"任务实践"中相关内容	文本	个人

【知识储备】

入住酒店后，地陪应向全团介绍酒店的主要设施，包括外币兑换处、中西餐厅、娱乐场所、商品部、电梯、公共卫生间等的位置以及在店内如何使用 Wi-Fi、网络连接，并讲清住店注意事项，提醒游客将贵重物品交前台保管（若客房内未设置保管箱），告知客房内收费项目（如小酒吧、长途电话）、饭店安全通道位置以及房间安全注意事项（如睡觉前关好门窗、不躺在床上吸烟等）。

微语录

旅游安全是旅游业的生命线，是旅游业发展的基础和保障。在旅游中，导游要把"安全第一，预防为主"的思想贯穿到操作的各个环节，事先做好各种安全提醒和防漏补缺工作，从而降低风险。

【任务实践】

一、介绍酒店主要设施

地陪导游简要介绍酒店内的中西餐厅、娱乐场所、商品部、公共洗手间等设施的位置；熟悉酒店的安全出口、安全楼梯的位置及安全转移的路线等。

二、提醒注意事项

提醒游客进入房间后随手关门，不让陌生人随便进入房间；外出时，贵重物品应随身携带，勿放在房间内；不卧床吸烟，注意电器使用安全；房间消费物品，如果有消费，在交房卡时自行结账。

三、告知接下来的安排

游客拿到房卡后，到各自的房间稍作休息，把行李放好，＿＿＿＿在＿＿＿＿集合，同时提醒各位保管好自己的贵重物品和房卡。

【技能提升】

实践训练：地陪为游客介绍饭店设施和入住期间的注意事项。

【知识检测】

◆ 多选题

入住酒店后，地陪应向全团介绍酒店的主要设施，包括（　　　）。

A. 餐厅位置　　　　B. 停车场　　　　C. 客房内收费项目
D. 安全通道位置　　E. 洗衣房

任务三　处理游客入住后有关问题

【任务描述】

任务内容	成果形式	完成单位
模拟游客入住后，老年游客因身体原因要调换向阳房，地陪处理的情景	现场展示	小组
按照接团计划要求，完成本节课"任务实践"中相关内容	文本	个人

【知识储备】

游客进入房间时可能遇到门锁打不开，游客进入房间后可能遇到浴室没有热水、房间不干净或有虫害、电话线或网络线不通等问题，地陪应及时与酒店联系，迅速解决，并向游客说明情况，表示歉意。

游客处理入住酒店后的有关问题主要有以下几种类型：

处理游客入住后有关问题

一、要求调换酒店

团体游客到一地旅游时，旅游协议书中应明确规定入住什么档次的酒店，甚至是入住哪家酒店都应写得清清楚楚。所以，接待旅行社向旅游团提供的客房低于标准，即使用同星级的酒店替代协议中注明的酒店，游客都会提出异议。

如果地接社未按协议安排酒店或协议中的酒店确实存在卫生、安全等问题而致使游客提出换酒店的要求时，地陪应随时与地接社联系，由地接社负责予以调换。如确有困难，按照地接社提出的具体办法妥善解决，并向游客给出有说服力的理由，提出补偿条件。

二、要求调换房间

根据游客提出的不同原因，有不同的处理方法：

1. 若由于房间不干净，如有蟑螂、臭虫、老鼠等，游客提出换房应立即满足，必要时应调换酒店。
2. 由于客房设施尤其是房间卫生达不到清洁标准，应立即打扫、消毒，如旅客仍不满意，坚持调房，应与酒店有关部门联系予以满足。
3. 若游客对房间的朝向、层数不满意，要求调换另一朝向或另一楼层的同一标准客房时，若不涉及房间价格并且酒店有空房，可与酒店客房部联系，适当予以满足，或请领队在团队内部进行调整。无法满足时，应做耐心解释，并向游客致歉。
4. 若游客要住高于合同规定标准的房间，如有，可予以满足，但游客要交付原订酒店退房损失费和房费差价。

三、要求住单间

团队旅游一般安排住标准间或三人间。由于游客的生活习惯不同或因同室游客之间闹矛盾，而要求住单间，导游人员应先请领队调解或内部调整，若调解不成，酒店如有空房，可满足其要求。但导游人员必须事先说明，房费由游客自理（一般由提出方付房费）。

四、要求延长住店时间

由于某种原因（生病、访友、改变旅游日程等）而中途退团的游客提出延长在本地的住店时间，可先与酒店联系，若酒店有空房，可满足其要求，但延长期内的房费由游客自付。如原住酒店没有空房，导游人员可协助联系其他酒店，房费由游客自理。

五、要求购买房中物品

如果游客看中客房内的某种摆设或物品，要求购买，导游人员应积极协助，与酒店有关部门联系，满足游客的要求。

六、游客未收到行李

此时导游可对游客进行安慰,并和领队到其他游客房间了解情况,有可能是酒店服务生将行李送到其他房间,也可能是其他游客好意代为保管。

如果还是没有找到,导游应立即与酒店有关部门联系,查看是否与其他旅游团的行李搞混。如还是找不到行李,导游应一方面帮助游客购买一些生活必需品,另一方面与酒店有关部门联系索赔事宜。

七、在酒店内突发疾病

及时通知酒店内医务人员前来抢救,然后送往医院,并将其情况及时向地接社领导汇报。地接社人员及导游应到医院探望患病游客。

【任务实践】

> 情景模拟:以小组为单位,扮演地陪、全陪和游客,模拟游客要求住单间,导游处理的情景。

创设情景:假设本旅游团中,有一位女性游客提出,因为与同住的游客合不来,坚持住单间,地陪导游该如何处理呢?

首先,地陪小李和全陪商量是不是与别的女游客调换一下。但这位游客性格有些怪异,其他人也不愿和她一起住,而她自己也坚持一个人住一间房。

其次,地陪小李讲清游客提出住单间必须自己付房费,且原房费不退。虽然这位游客不太高兴,但最后还是答应了。

导游在带团时,住标准间的游客要求住单人间,如果饭店有空房可予以满足,但房费差价和其他损失自理。住同一标准间的游客,因关系不融洽或生活习惯不同要求换房或住单间时,导游人员应请领队调解或在内部调配,若调解或调配不成,游客有空房亦可满足其要求,但事先应说明房费由提出住单间者自理。

【典型案例】

不同情况,不同处理

经过近 6 个小时的颠簸,小盛的旅游团总算从黄山抵达了最后一站——H 市。游客们拖着疲惫的身体下了车,进了下榻的酒店——一家建造于 30 年前、计划经济时代专用于接待国内一些领导干部的酒店。该酒店占地大,环境也很幽雅,是一家地地道道的老酒店。然而游客进入客房后不久,就有几位跑来抱怨:这个说客房冷气不足,那个说客房太潮湿,还有的说客房没热水,纷纷要求换房。此时是旅游旺季,小盛非常清楚这个时节酒店的客房供需状况。怎么办呢?他先来到反映有问题的几间客房,发现冷气不够是因为刚进客房,冷气才打开,且温度开关没有调到位;没有热水是因为热水龙头坏了;而客房潮湿则是因为这间房紧挨山崖。小盛想:"水龙头坏了可以修,客房不一定要换;但潮湿房一定要换。"于是,小盛来到酒店销售部,销售部人员开始声称没有空余客房,但在小盛一再要求下,加上小盛平时也很注意和他们建立良好的关系。最后,销售部人员请示经理后,终于给换了客房。问题总算得以圆满解决。

【分析】

导游在带团过程中,如果游客要求调换房间,总的原则是不同情况、不同处理。如果由于酒店客房不干净(如有蟑螂、昆虫、老鼠等),游客提出调换房间,应满足其要求。如客房内设施缺损,或是房间卫生间达不到清洁标准时,应请服务人员立即打扫、消毒或维修更换。游客要求调换不同朝向、不同楼层的同标准客房,若酒店有空房应适当满足或请领队在内部调配;无法满足时应做好解释工作,敬请谅解。

在案例中,由于导游小盛根据不同的情况进行分别处理,问题才得到圆满解决。

【技能提升】

情景模拟:以小组为单位,模拟游客提出要求调换房间,地陪导游该如何处理的情景。

【知识检测】

◆ 单选题

旅游团(者)下榻酒店后,如发现客房未打扫干净、卫生设备不符合清洁标准、空调器发生故障或房间有蟑螂等问题,地陪应及时与酒店联系予以解决,并向游客表示( )。

A. 同情　　　　B. 安慰　　　　C. 歉意　　　　D. 关怀

任务四　照顾行李进房

【任务描述】

任务内容	成果形式	完成单位
模拟游客拿到行李有破损,地陪处理的情景	现场展示	小组
按照接团计划要求,完成本节课"任务实践"中相关内容	文本	个人

【知识储备】

确保游客带着自己的行李进入房间。配备行李车的旅游团，游客进房后，地陪要等到该团的行李运抵酒店后与行李员、领队、全陪一起核对行李，然后交给酒店行李员，督促其尽快将行李送到游客的房间。若个别游客未拿到行李或拿到的行李有破损，地陪应尽快查明原因，采取相应的措施。

【任务实践】

如果游客是自带行李进房，地陪的主要工作是提醒游客带好自己的物品和行李箱。

如果旅游团配备了行李车，地陪要等到该团行李运抵饭店后与行李员、领队、全陪一起核对行李，然后交给饭店行李员，督促其尽快将行李送到游客的房间。

【典型案例】

谁动了游客的行李

某旅游团游览的第一站是成都，入住酒店后的第二天，大件行李寄存在该酒店行李部，然后团队前往乐山、峨眉山。当团队返回时，部分团员发现行李箱的锁有被动过的痕迹，并且还发现有少量财物、现金丢失。导游随即和酒店主管联系，酒店答应认真处理，并随时和团队联系。于是，导游留下自己的电话号码和行程安排以及离开时间，并在行程中不时询问，终于在团队离开前得到解决。原来是一行李员值夜班时，约同学来聊天，其同学动了行李箱。最后，酒店对这件事做出了处理，也得到了游客的谅解。

【分析】

在案例中，导游在发现游客物品丢失后，积极帮助查找，对工作认真负责。在带团过程中，任何物品丢失，不管是本人的不慎还是接待服务方面的疏忽，导游都有责任帮助联系、查找。如果找不到丢失物品，则要协助失主开具证明，并提供热情的服务，以缓解其不快情绪。

【技能提升】

情景模拟：以小组为单位，模拟游客拿到行李有破损，地陪应如何正确处理的情景。

【知识检测】

◆ 单选题

旅游团入住酒店后，若有个别游客未拿到行李，地陪应尽快（　　　）。
A. 思考对策　　　B. 报告组团社　　　C. 追究责任　　　D. 查明原因

◆ 多选题

当旅游团的行李运入酒店时，地陪要与（　　　）一起进行核对。

A. 全陪 B. 领队 C. 行李员
D. 司机 E. 游客

任务五 确定叫醒时间

【任务描述】

任务内容	成果形式	完成单位
2人一组模拟地陪导游和全陪确定叫早时间，并通知游客的情景	现场展示	小组
按照接团计划要求，完成本节课"任务实践"中相关内容	文本	个人

【知识储备】

地陪在结束当天活动离开酒店之前，应与领队确定第二天的叫醒时间，并将确定的叫醒时间通知酒店前台，由前台做好电话叫醒服务。

【任务实践】

1. 与领队（全陪）确定叫醒时间。

叫醒时间：_____。

2. 告知酒店前台叫醒时间。

地陪告知酒店前台旅游团队所入住的房间号和叫早时间，由前台做好电话叫醒服务。

【典型案例】

尊重领队权限，争取合作支持

导游小张接待一个入境旅游团，在机场到饭店的途中，她向游客介绍了团队的日程安排。当她通知游客第二天六点半叫早时，领队说："六点半不行，太早。"导游说："要不就七点好了。""七点也早。"领队说。"那您看几点合适？"领队此时非常严肃，冷冷地说："到时候再说吧！"车上的气氛顿时紧张起来，导游小张也非常窘迫。

【分析】

在案例中，导游小张在宣布第二天叫早时间时，受到领队的不礼貌对待。关键问题不在于到底几点叫早更合适，而是导游没有和领队商量就宣布日程，在领队看来是对他的不尊重，或是目中无人。显然，这位导游忽略了这个细节，不但得罪了领队，而且使后来的工作很被动。

　　导游人员遇事要与领队多协商，在旅游日程、旅行生活的安排上多与领队商量。一是领队有权审核旅游活动计划的落实情况；二是导游人员可通过领队更清楚地了解旅客的兴趣爱好以及生活、游览方面的具体要求，从而向旅客提供更具针对性的服务，掌握工作的主动权。

　　在游览项目被迫变更、旅游计划发生变化、增加新的游览项目、旅客与地接社导游人员之间出现矛盾等情况发生时，导游人员要多与领队商量，实事求是地说明情况，争取领队的理解和合作。尊重领队权限，争取合作支持，是地陪与领队合作的重要基础。

【技能提升】

　　情景模拟：以小组为单位，分别扮演地陪、领队和酒店前台工作人员，模拟商定叫早时间并通知前台的情景。

【知识检测】

◆ 单选题

地陪在安顿好旅游团入住酒店的各项事宜后，离开酒店前应与领队商定好第二天的（　　）。

A. 活动安排　　　B. 叫早时间　　　C. 早餐时间　　　D. 出发时间

◆ 多选题

地陪在旅游团入住酒店时应做好的工作主要有（　　）等。

A. 协助办理入住手续　　　　　　B. 介绍酒店设施和大堂副理
C. 照顾行李进房　　　　　　　　D. 处理旅客进房的有关问题
E. 宣布当日和次日的活动安排

任务六　带领游客用好第一餐

【任务描述】

任务内容	成果形式	完成单位
以小组为单位，模拟地陪带领游客用第一餐的情景	现场展示	小组
按照接团计划要求，完成本节课"任务实践"中相关内容	文本	个人

【知识储备】

　　游客进入房间之前，地陪要向游客介绍该团就餐餐厅的地点、时间、就餐形式。待全体团员到齐后,带领他们进入餐厅,向领座服务员问清本团的桌次后,再带领游客到指定的餐桌入座,告知游客用餐的有关规定。如:哪些饮料包括在团费内,哪些不包括在团费内,若有超出规定的服务要求,费用由游客自理,以免产生误会。在用餐前,地陪还要核实餐厅是否有根据该团用餐的特殊要求和饮食忌讳安排团餐。

【任务实践】

团队进入酒店后如要在酒店用餐,则要带领游客用好第一餐。

一、提前确认

地陪在游客进入房间之前要告知旅游团餐厅地点和时间,自己要提前到餐厅确认,将游客的用餐情况通知餐厅,并再次告知旅游团的特殊要求。

用餐地点:＿＿＿＿＿＿＿＿＿＿＿＿＿＿＿＿。

用餐时间:＿＿＿＿＿＿＿＿＿＿＿＿＿＿＿＿。

用餐人数:＿＿＿＿＿＿＿＿＿＿＿＿＿＿＿＿。

用餐标准:＿＿＿＿＿＿＿＿＿＿＿＿＿＿＿＿。

特殊要求:＿＿＿＿＿＿＿＿＿＿＿＿＿＿＿＿。

二、安排游客入座用餐

当游客休息一段时间后,地陪带领游客进入餐厅,向布台员询问本团的桌次;安排游客入座,将全陪介绍给餐厅领班、主管等有关人员。地陪将用餐的注意事项通知游客,全陪和地陪随时为游客服务。用餐时再次重申用餐结束后的活动安排。

三、照顾用餐

在用餐的过程中,导游应经常到游客的餐桌前帮助解决一些问题,征求其对菜肴的意见。地陪还要照顾好全陪、司机等工作人员就餐,争取尽早与他们建立良好的工作关系。

四、结账

地陪用餐结束后,要与餐厅结账或签单,索要正规发票。用餐后,可与游客寒暄,开展初步交流。

【典型案例】

少说一句话，惹出大麻烦

地陪小刘带团在一个饭店用午餐，小刘吃完后，看到游客还在用餐，便与饭店结账。由于账目的问题耽搁了一会儿，等他从饭店出来，游客们已经在车上等着他了。小刘一看时间不早了，急忙让司机开车赶往下一个景点，正走在半路途中，一名游客突然喊道："坏了，我的皮包忘在饭店的椅子上了。"汽车赶紧调头，结果皮包早已不翼而飞，里面有手机和大量的现金。游客在懊恼之余，竟然埋怨起小刘来，说作为导游应该提醒游客餐后带好随身物品，结果小刘没有提醒，应该赔偿一部分损失。最后在旅行社的协调下，此事才妥善解决。

【分析】

游客在旅游过程中，有时会发生丢失证件、钱物、行李等事情，这不仅会给自己带来诸多不便或造成一定的经济损失，也给导游人员的工作增添不少麻烦和困难。

在案例中，游客用餐后忘记拿皮包，结果造成钱物丢失，虽然是游客本人粗心大意引起的，但是导游小刘也负有一定的责任。用餐后离开饭店时，导游要提醒游客带好自己的所有物品，不要遗忘。小刘就是少讲了这样一句程序上的、提醒性的话，结果给自己的工作惹出大麻烦！

导游人员应在各个环节做好提醒工作，采取以下措施预防此类事故的发生。

1. 入住酒店时，导游人员要提醒游客将贵重物品、证件存放于酒店保险箱内；离开酒店时提醒游客将物品取出。

2. 参观游览时，导游人员要随时提醒游客带好自己的随身物品，注意脚下的路，做到"走路不看景，看景不走路"。

3. 用餐后离开餐厅时，导游人员要提醒游客带好随身物品。

4. 在离开饭店将赴下一站时，要提醒游客检查自己的东西、证件等是否带齐，不要遗忘物品。

5. 下车前，要提醒游客带好自己的随身物品，不要遗落东西，并在游客下车后检查车厢。

【技能提升】

角色扮演：以小组为单位，扮演地陪导游和游客，从提前确认用餐至用餐结束结账，模拟一次完整的用餐服务流程。

【知识检测】

◆ 判断题

旅游团在酒店外餐馆用餐后，地陪导游应严格按照旅游团人数、标准和饮用酒水数量与餐馆结账。（　　）

◆ 单选题

1. 地陪在向用餐的餐馆填写餐饮结算单时应注意的问题是填写的数字一定要与（　　）相符。

   A. 用餐时间　　　　B. 旅游团人数　　　C. 菜肴品种　　　　D. 酒水种类

2. 地陪带领游客到餐厅用第一餐时，应告知他们（　　），以免产生误会。

   A. 菜肴的主要特色　　　　　　　　　B. 酒水的主要品种

   C. 餐厅的主要设施　　　　　　　　　D. 用餐的有关规定

3. 地陪带领旅游团到餐厅用第一餐时，应将领队介绍给餐厅经理或主管服务员，核实餐厅是否根据该团用餐的（　　）安排团餐。

   A. 人员情况　　　　　　　　　　　　B. 特殊要求和饮食忌讳

   C. 主要嗜好　　　　　　　　　　　　D. 日常习俗

【项目评价】

表3-1　自我评价

序号	任务	评价等级			
		A	B	C	D
1	我会协助办理入住酒店手续				
2	我已熟悉入住酒店并能介绍酒店设施				
3	我能处理游客入住后的有关问题				
4	我能协助行李员照看行李进房				
5	我能和领队全陪协商确定叫早时间				
6	我能带领游客用好第一餐				

（评价等级：A为优秀；B为良好；C为一般；D为有待进步）

表3-2　综合评价

评价要素	评价标准	自我评价	小组评价
学习态度	按时出勤、无迟到早退现象； 积极主动学习，有进取心； 学习目标明确，按时完成学习任务； 学习兴趣浓厚，求知欲强，养成自主学习的能力		
语言表达	能围绕主题，突出中心，语言得体； 表达有条理，语气、语调适当； 发音准确、吐字清晰，用词贴切，表情恰当，富有感染力		
应变能力	敢于提出问题，发表个人意见，提高口头表达和应变能力		

续表

评价要素	评价标准	自我评价	小组评价
合作意识	能与同学共同学习，共享学习资源，互相促进，共同进步； 积极参与讨论与探究，乐意帮助同学； 在小组学习中主动承担任务		
探究意识	积极思考问题，提出解决问题的方法，有创新意识； 勤于积累，善于探索，思维活跃，反应灵敏		
情感态度	努力发展自己的潜能，能认识自我的优缺点； 遵守国家信息使用安全规范，明辨善恶		
信息化能力	会使用搜索引擎查找资料； 能够从搜索信息中筛选所需信息并分析归纳整理； 会使用办公软件处理文档，利用社交媒体进行交流学习		
综合评价	自我评价等级	签名： 年　月　日	小组评价等级	签名： 年　月　日
教师评价	激励性评语： 签名： 年　月　日		

（评价等级：A 为优秀；B 为良好；C 为一般；D 为有待进步）

【知识拓展】

表3-3　入住饭店服务规程比较表

类型	领队	全陪	地陪
服务规程	协助地陪办理住店手续 ↓ 分房（房卡、钥匙） ↓ 登记住房名单 ↓ 帮助客人入住，分发所在酒店店徽	协助办理入住店手续 ↓ 了解游客的住房分配，记住领队的房间号 ↓ 将自己的房间号告诉地陪（领队）和游客 ↓ 掌握酒店总服务台的电话号码和与地陪紧急联系的办法 ↓ 如地陪不住酒店，全陪要负全责，照顾好旅游团	负责办理住店手续（自订房由领队、全陪或游客办理），将钥匙、房卡交领队或全陪 ↓ 介绍酒店设施（宣布活动安排） ↓ 照顾游客和行李入房 ↓ 提供游客入住后的服务 ↓ 带领游客用好第一餐 ↓ 再次宣布当日或次日的活动安排 ↓ 确定叫早、用餐时间

项目四

核对商定日期

项目引言

在旅游团抵达目的地之前,地陪应通过电话、微信或 QQ 等与全陪就旅游活动日程进行初步沟通。当旅游团抵达后,地陪应与全陪、领队面对面地正式核对商定活动日程。

虽然旅游团的整个活动日程已明确规定在旅游合同或协议书上,组团社也根据合同或协议书制订了旅游团的接待计划,对该团在各地的活动事先进行了安排,然而游客作为旅游产品的购买者和消费者有权审核旅游活动计划,也有权提出修改意见。所以,地陪与游客商定活动日程是对购买者和消费者的尊重,也是一种礼遇。领队作为旅游团的代言人,也希望得到所访之地导游的尊重和合作,使商定和宣布活动日程成为其行使职权的表现。某些专业旅游团除一般的参观游览外,还负有特定任务,因而商定活动日程对游客来说则更为重要。

任务导图

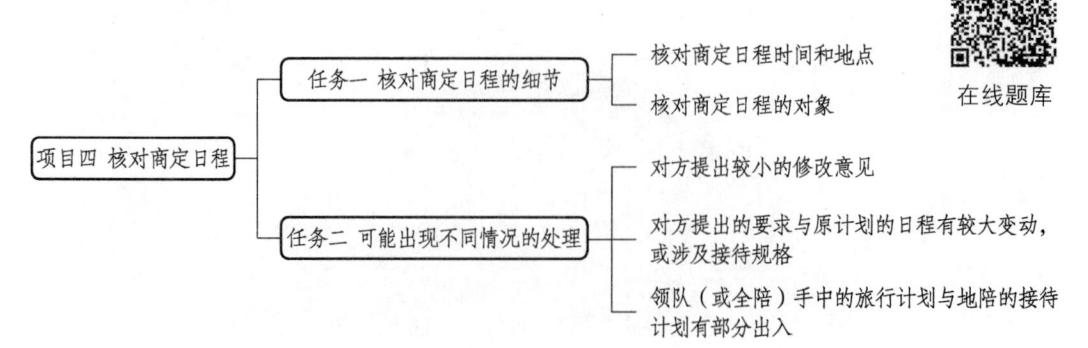

```
项目四 核对商定日程
├── 任务一 核对商定日程的细节
│   ├── 核对商定日程时间和地点
│   └── 核对商定日程的对象
└── 任务二 可能出现不同情况的处理
    ├── 对方提出较小的修改意见
    ├── 对方提出的要求与原计划的日程有较大变动，或涉及接待规格
    └── 领队（或全陪）手中的旅行计划与地陪的接待计划有部分出入
```

在线题库

学习目标

知识目标：

熟悉地陪导游核对商定日程的主要内容和要求。

能力目标：

会根据商定日程时出现的不同情况进行规范处理。

项目情景

时间：6月21日。

地点：兰州××假日酒店。

人物：地陪、全陪。

事件：旅游团抵达入住酒店后，地陪导游和全陪核对商定日程。

任务一 核对商定日程的细节

【任务描述】

任务内容	成果形式	完成单位
2人一组模拟地陪导游与全陪核对商定日程的情景	现场展示	小组
按照接团计划要求，核对商定日程，并完成本节课"任务实践"中相关内容	文本	个人

【知识储备】

在旅游团抵达后，地陪应抓紧时间尽早完成核对商定日程的工作。核对、商定日程的时间宜在旅游团抵达后的第一时间，最晚应在旅游团正式游览开始前完成。

一、核对商定日程时间和地点

如果团队抵达后是直接去游览点的，核对商定团队行程的时间、地点一般可选择在行车途中；如果团队是先前往酒店的，一般可选择在首次沿途导游途中进行，也可在酒店入住手续办理完毕后进行，地点宜选在公共场所，如酒店大堂等。

二、核对商定日程的对象

商谈日程的对象应根据旅游团的性质而定，对一般旅游团，与领队、全陪商谈；对重点团、专业团、交流团，除领队、全陪外，还应请团内有关负责人一起参加商谈。如果旅游团没有领队，可与全团游客一起商定。

> **微语录**
>
> 核对、商定日程是旅游团抵达旅游目的地后的一项重要工作，是两国（两地）导游合作的开始，也是表达对游客与合作伙伴的尊重和礼遇。核对、商定日程主要涉及 6 个 W，即 Why（为什么要核对、商定日程）、What（核对、商定什么内容）、When（什么时间核对、商定日程）、Where（在什么地方核对、商定日程）、Who（由哪些人来完成核对商定日程）、How（如何核对、商定日程）。地陪在接到旅游团后，应尽快核对、商定日程，并将核对后的结果及时告知游客。

【任务实践】

一、核对商定日程时间和地点

地陪导游核对商定日程

本旅游团在机场接站后，游客先入住酒店。因此，核对商定日程时间确定在入住酒店后，地点安排在酒店大堂。

二、核对商定日程的对象

本次旅游团为国内旅游团，无领队，因此核对商定日程主要由全陪和地陪完成。

【典型案例】

合理地调整，不同的效果

北京一地的行程是比较满的。一般的团队行程是：上午游览长城，下午参观天坛，晚上吃烤鸭，翌日送团。几乎所有的团都是如此安排，没有例外，让人感到操作模式的刻板。其实这是一种操作误区。试看每日上午蜂拥而至的游客挤满长城，游客除了看到五颜六色的头发，就是他人的脊背，秦砖汉瓦则无从谈起。

导游小张想对日程做一下调整，于是他先与地接社的内勤联系，同行言称午餐已定无法更改。于是小张进行了一些小改动，在不影响中午在长城用餐的前提下，将上午和下午进行对调。效果是，清晨的天坛空无一人，游客至此恍若远古。而在市内活动完美结束后，他们才来到八达岭，迎面上百辆旅游车匆匆而归。吃过午餐是下午2点，此时邀客人在墙根坐定，娓娓讲述孟姜女哭长城和秦始皇金戈铁马的往事，把游客的兴致推到高潮，此时再让游客登高远望，其效果可想而知。

做全程旅游总结时，按常规应在舒适的环境中优雅地进行，往往选择酒店、会议室，或领队的房间。而导游小张导游却选择了天安门广场，让游客席地而坐，背后是璀璨的华灯，头顶是故宫瑞祥的紫气，依依的惜别之情，这一切构成了难忘的首都之夜。

【分析】

在案例中，导游小张对行程做了适当的调整，与其他团队背道而行，提高了游览质量与效果，使游客在北京度过了愉快而难忘的旅行。这是一个合理发挥的案例，从中不难看出，导游全身心地投入，往往可营造出时间、地点所赋予的特殊魅力。按常规来说，这是对规范的超越，但同时也是对行为规范的强化。

【技能提升】

语言表达：以接团计划等资料为素材，口述导游核对商定日程的要点。

【知识检测】

◆ 判断题

旅游团与地方导游之间开始合作共事的标志是商定日程。（　　　）

◆ 单选题

1. 旅游团（者）与地陪之间开始实质性合作的标志是（　　　）。
 A. 调整旅游活动日程　　　　　　B. 核商旅游日程安排
 C. 安排饭店的第一顿餐食　　　　D. 引导游客进客房

2. 导游同旅游团领队和游客商定活动日程是对旅游消费者的尊重，也是一种（　　　）。
 A. 信誉　　　B. 礼遇　　　C. 待遇　　　D. 荣誉

3. 旅游团抵达后先前往酒店的，导游同旅游团领队核对和商定日程一般在（　　）进行。
   A. 酒店大堂　　　B. 领队房间　　　C. 全陪房间　　　D. 机场
4. 导游应根据旅游团的（　　）来确定商谈日程的对象。
   A. 人数　　　　　B. 要求　　　　　C. 特点　　　　　D. 性质

任务二　商定日程可能出现不同情况的处理

【任务描述】

任务内容	成果形式	完成单位
以小组为单位，模拟面对增加新的景点、改变行程等情况，地陪如何正确处理的情景	现场展示	小组
按照核对商定日程要求，完成本节课"任务实践"中相关内容	文本	个人

【知识储备】

一、对方提出较小的修改意见

地陪可在不违背旅游合同的前提下，对游客提出的合理而又可能满足的项目，努力予以安排。如对方提出增加新的游览项目，而新增游览项目需增收费用，地陪应及时向旅行社有关部门反映，并事先向领队和游客讲明，若他们同意，订立书面合同，按规定收费，但新增项目的安排不得影响计划项目的实施。对确有困难而无法满足对方要求时，地陪要耐心做好解释和说服工作。

二、对方提出的要求与原计划的日程有较大变动，或涉及接待规格

对于这种要求地陪一般应予婉言拒绝，并说明我方不方便单方面不执行合同。如领队和全体游客提出的要求确有特殊理由，地陪必须请示旅行社有关领导，按领导指示而定。

三、领队（或全陪）手中的旅行计划与地陪的接待计划有部分出入

地陪应及时报告旅行社查明原因，以分清责任。若是接待方的责任，地陪应实事求是地向领队和全体游客说明情况，并致歉，及时做出调整。若责任不在接待方，地陪也不应指责对方，必要时，可请领队向游客做好解释工作。

> **微语录**
>
> 　　尊重协作共事的工作伙伴和相关人员，多用尊称和敬语，核对商定日程时，本着"合理而可能"的原则处理，既要尊重对方，又要守住原则，做必要的解释说明和拒绝。

【任务实践】

一、修改日程情景

全陪：对了，听说榆林窟很有名哦？

地陪：是的，它是莫高窟艺术系统的一个分支，从洞窟形式、表现内容和艺术风格看与莫高窟的相似度高。

全陪：这个团里很多游客都很感兴趣，如果能去一下就太好了，不知道能不能安排？

地陪：_____。

全陪：没问题，如果游客同意的话，我们将按规定支付。

地陪：_____。

（地陪向接团社汇报）

地陪：我向公司请示过，车费每人共××元，您看可以吗？

全陪：好的，谢谢你，回头我再向游客征求一下意见。

地陪：_____。

全陪：没问题，我来对游客说。

二、调整日程情景

地陪：接到旅行社的电话，两天后张掖会有沙尘暴。

全陪：那对我们的行程会有影响吗？

地陪：会有影响，第三天行程正好在张掖，还要去张掖七彩丹霞游览。

全陪：那该怎么办呢？

地陪：_____。

全陪：好的，我觉得没什么问题。

地陪：好的，我也向社里汇报一下。

（地接社均表示同意，由地陪向游客进行解释）

地陪：_____。

【典型案例】

地陪接待计划和领队有出入

北京某旅行社导游小夏担任一新加坡旅游团的地陪。旅游团到了酒店后,小夏就和领队商谈日程安排。在商谈过程中,小夏发现领队手中计划表上的游览点与自己接待任务书上所确定的游览景点基本一致,只是领队的计划表上写得更详细,细致到每个景区的每个景点,而小夏的计划只是把每个景区最著名的景点标注上。小夏没想到领队的工作做得这么细致。

在游览颐和园时,小夏按计划买了普通门票(颐和园分为普通门票和联票,联票包括苏州街、德和园等景点)。小夏带领游客游览到了苏州街,让游客在外面留影,这时领队却提出他们的计划里颐和园的景点包括苏州街,且坚持要按他手上的景点来安排行程。为让领队和游客没有意见,小夏便答应了。

在游览结束后,领队和游客都较满意,但小夏回旅行社报账时却被经理狠狠地批评了一顿,并责令他赔偿这个景点的门票费用。

【分析】

旅行社计划单上的游览景点与游客手中计划书上的景点不符,这种情况的出现,基本上有两种原因:一是双方在沟通的过程中发生了误会;二是对方旅行社为掩盖其克扣游客费用而采取的一种不正当的手段。导游碰到这类问题时,必须弄清事实,否则会给旅行社或者游客带来损失。

本案例中,导游小夏有两个细节问题没有处理好。第一,小夏在和领队商谈日程安排时注意到了一个细节——领队的计划表细致到每个景区的每个景点,但是他却没有把这个细节处理好,应该更仔细地把领队与自己计划单上的不同之处再确认一番。第二,小夏自作主张随意答应了领队和游客的要求,结果导致旅行社利益受损,吃力不讨好。

导游碰到这类问题,处理的步骤是:

1. 应在第一时间与旅行社联系,请计调指示应按哪份计划实施接待;如确认按我方旅行社计划单上所规定的景点游览,则除了重点游览、讲解规定景点外,还应尽量能让游客看到没有安排的那些景点,并做必要的指点、讲解。

2. 如果游客愿意自费游览不能安排的景点,在收取费用后,应予以满足。

【技能提升】

情景模拟:一人扮演地陪导游、一人扮演全陪导游、一个扮演领队、一拨人扮演游客,拟对增加新的景点、改变行程等进行模仿处理。

案例分析:上海游客来甘肃旅游的第三天,该团的很多客人对嘉峪关魏晋壁画汉墓很感兴趣,希望能够前往游览,于是游客让领队提出增加文锦壁画汉墓的景点。地陪应该怎么处理呢?

【知识检测】

◆ 单选题

1. 如果旅游团（者）或其领队提出对活动日程做重大修改的要求，并可能导致旅游接待计划发生较大变动或涉及接待规格的变动，原则上地陪应予以（　　）。

  A. 婉言拒绝　　　　B. 高度重视　　　　C. 积极响应　　　　D. 严词拒绝

2. 在核对和商定日程时，若领队提出新增旅游项目，地陪应该（　　）。

  A. 婉言拒绝　　　　　　　　　　B. 及时向组团社反映

  C. 予以驳回　　　　　　　　　　D. 及时向接待社反映

3. 在核对和商定日程时，当领队提出新增旅游项目时地陪应事先向其讲明，需（　　）。

  A. 征求组团社同意　　　　　　　B. 延长在本地的停留时间

  C. 按照规定收费　　　　　　　　D. 减少下一站的停留时间

4. 在地陪与领队、全陪商量日程时，若领队、全陪的旅行计划与地陪的接待计划有部分出入，地陪的处理办法应该（　　）。

  A. 以领队、全陪的计划为准　　　B. 以地陪手中的计划为准

  C. 以双方商定的计划为准　　　　D. 及时报告接待旅行社

5. 核对商定日程的时候，有部分游客提出与原日程有较大变动且涉及接待规格的要求时，地陪导游一般应（　　）。

  A. 婉言拒绝　　　　B. 报告地接社　　　C. 报告组团社　　　D. 与领队协商

◆ 多选题

在核商旅游活动日程时，如果地陪发现地接社发给他的接待计划与旅游团领队或全程导游出示的旅游计划之间存在明显差异，应立即向地接社领导汇报，以便（　　）。

  A. 减少损失　　　　B. 查明原因　　　　C. 规避风险

  D. 分清责任　　　　E. 追究责任

【项目评价】

表4-1　自我评价

序号	任务	评价等级			
		A	B	C	D
1	我已熟悉核对商定日程的内容和要求				
2	当对方提出较小的修改意见，我知道该如何处理				
3	当对方提出的要求与原计划的日程有较大变动，或涉及接待规格，我知道该如何处理				
4	当领队（或全陪）手中的旅行计划与地陪的接待计划有部分出入，我知道该如何处理				

（评价等级：A为优秀；B为良好；C为一般；D为有待进步）

表 4-2 综合评价

评价要素	评价标准	自我评价	小组评价
学习态度	按时出勤、无迟到早退现象； 积极主动学习，有进取心； 学习目标明确，按时完成学习任务； 学习兴趣浓厚，求知欲强，养成自主学习的能力		
语言表达	能围绕主题，突出中心，语言得体； 表达有条理，语气、语调适当； 发音准确，吐字清晰，用词贴切，表情恰当，富有感染力		
应变能力	敢于提出问题，发表个人意见，提高口头表达和应变能力		
合作意识	能与同学共同学习，共享学习资源，互相促进，共同进步； 积极参与讨论与探究，乐意帮助同学； 在小组学习中主动承担任务		
探究意识	积极思考问题，提出解决问题的方法，有创新意识； 勤于积累，善于探索，思维活跃，反应灵敏		
情感态度	努力发展自己的潜能，能认识自我的优缺点； 遵守国家信息使用安全规范，明辨善恶		
信息化能力	会使用搜索引擎查找资料； 能够从搜索信息中筛选所需信息并分析归纳整理； 会使用办公软件处理文档，利用社交媒体进行交流学习		
综合评价	自我评价等级： 签名：　　　年　月　日　　小组评价等级： 签名：　　　年　月　日		
教师评价	激励性评语： 签名： 　　　年　月　日		

（评价等级：A 为优秀；B 为良好；C 为一般；D 为有待进步）

【知识拓展】

核对、商定日程安排的一般原则

核对、商定日程安排的方法和技巧多种多样，地陪可根据具体问题具体分析，进而有针对性地解决具体问题。一般而言，应该遵循的基本原则是：宾客至上、服务至上的原则，合理而可能的原则，平等协商的原则，主随客便的原则。日程安排既要符合团内绝大多数游客的意愿，又不宜对既定的日程做出大的变动。

地陪在与领队或全陪核对、商定日程时，可能由于客观原因、不可抗力、不可预料的因素（如天气、自然灾害、交通问题等），需要对原有日程进行调整。地陪必须做到心中有数，对调整原因做出实事求是的解释，切不可因旅行社利益而对旅游者进行隐瞒或欺骗。对调整后的日程，地陪要有充分的预见和足够的准备。涉及新产生的费用要与领队、全陪认真协商，并向旅游者说明。对于重大的日程调整，一定要经组团社和地接社的同意，变更及调整的项目或计划要由旅行社工作人员或授权导游以及游客代表签字确认。

接待计划是组团社委托各地接社组织落实旅游团活动的契约性安排，是导游人员了解该团基本情况和安排活动日程的主要依据。地陪在与领队、全陪商定日程时，应以接待计划为依据，掌握以下分寸：遇有当地导游人员修改日程时，应坚持"调整顺序可以，减少项目不行"的原则，必要时报告组团社；当地导游人员推荐自费项目时，要征求全体旅游团成员的意见。

"合理而可能"的原则

导游人员处理游客的一切要求都应该以此为重要标准。所谓合理，即合乎道理，不影响大多数游客的权益、不损害国家利益、不损害旅行社和导游人员的合法权益；可能则是指可以能够，指具备满足游客合理要求的条件。虽然在导游服务的过程中，导游应该尽可能地满足游客需求，但是这一切的前提应该是合理而可能的。在旅游过程中，游客提出的要求有的是合理而不可能的，导游应该耐心解释，说明原因，争取游客的理解；有的是不合理但是可以做到的，导游人员应该委婉地指出问题所在，说明不能满足其要求的原因，如果涉及违法违纪问题更应该严肃说明相关法律规定，劝阻游客采取错误行为。

项目五

参观游览服务

项目引言

　　参观游览活动是旅游活动的主要内容，是游客期望的一次完整旅游行程的核心部分，是游客出游的根本目的，也是导游人员为游客提供导游服务、体现导游服务质量、落实导游接待工作的中心环节。它是导游服务中最重要、最应精心设计的部分。地陪导游在提供相关服务的过程中，要能全面控制参观游览的进程，利用所掌握的知识，因人、因时、因地进行导游讲解服务。为此，地陪应努力使旅游团参观游览全过程安全、顺利、妙趣横生，使游客详细了解参观游览对象的特点、历史背景及游客感兴趣的其他问题，应认真准备，精心安排，热情服务，生动讲解。

任务导图

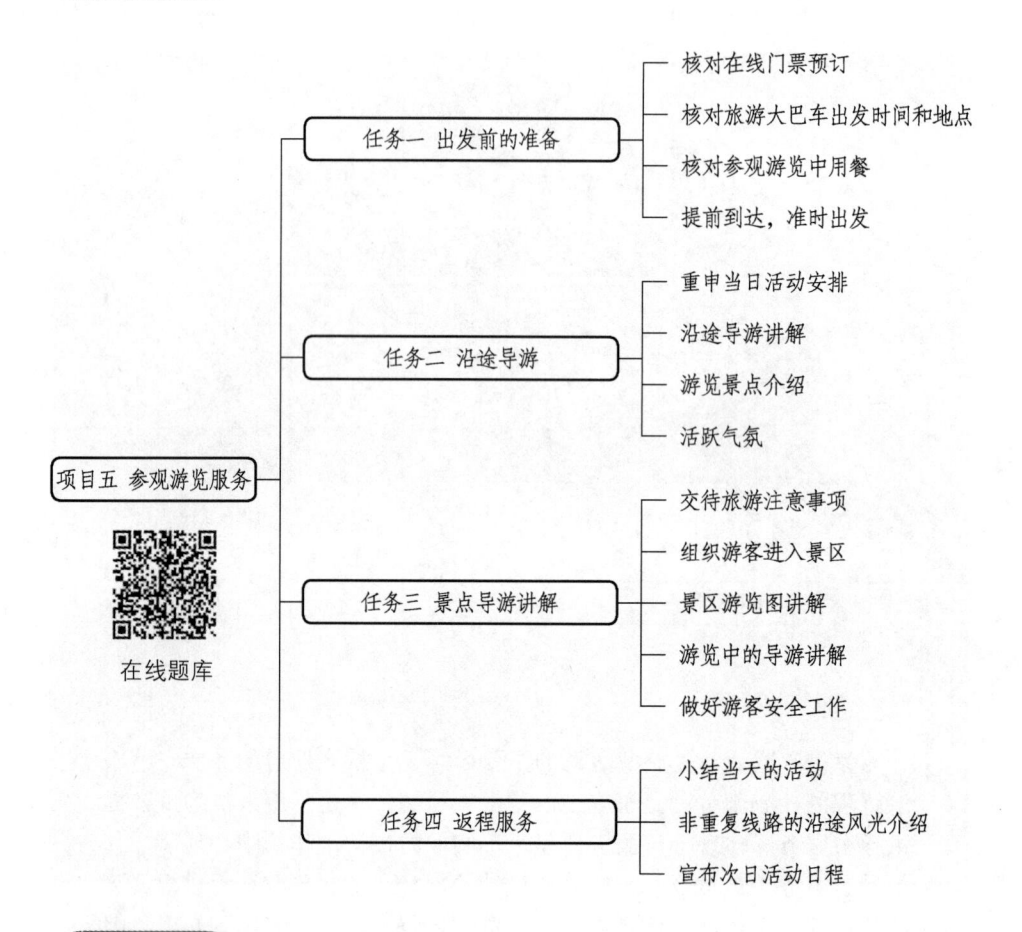

项目五 参观游览服务

- 任务一 出发前的准备
  - 核对在线门票预订
  - 核对旅游大巴车出发时间和地点
  - 核对参观游览中用餐
  - 提前到达，准时出发

- 任务二 沿途导游
  - 重申当日活动安排
  - 沿途导游讲解
  - 游览景点介绍
  - 活跃气氛

- 任务三 景点导游讲解
  - 交待旅游注意事项
  - 组织游客进入景区
  - 景区游览图讲解
  - 游览中的导游讲解
  - 做好游客安全工作

- 任务四 返程服务
  - 小结当天的活动
  - 非重复线路的沿途风光介绍
  - 宣布次日活动日程

在线题库

学习目标

知识目标：

1. 熟悉地陪导游不同参观游览阶段讲解的主要内容和要求。
2. 掌握沿途讲解、景区景点讲解方法。

能力目标：

1. 能有效组织团队开展游览活动。
2. 能生动地开展讲解服务。

项目情景

时间：6月25日。

地点：敦煌相关旅游景点。

人物：地陪小李。

事件：旅游团于 6 月 24 日晚抵达敦煌，导游小李按照团队接待计划开展敦煌的游览活动。

任务一　出发前的准备

【任务描述】

任务内容	成果形式	完成单位
以小组为单位模拟地陪导游参观游览前的服务	现场展示	小组
小组按照团队接待计划整理敦煌一地参观游览服务所需的景区票务信息、沿途讲解、景区游览注意事项及景区景点讲解	文本	小组

【知识储备】

地陪在带领团队出发前往旅游景点之前，应该对好当日参观游览活动的各项工作做好准备。这些工作可以简单地分为地陪导游个人事务的准备、旅游团队事务的准备、旅游注意事项总结、礼宾服务的准备等，以保证旅游活动能够有条不紊地进行。出发前的服务工作主要有：

出发前的准备

1. 地陪应准备好导游旗、个人身份证、电子导游证、导游身份标识和必要的票证。同时还要认真核实团队门票预订情况，午餐、晚餐落实情况。

2. 出发前地陪应提前 10 分钟到达集合地点，并督促司机做好出发前的各项准备工作。

3. 问候游客，了解早餐情况，与之聊天，征询他们的意见和建议。

4. 清点人数。若发现有游客未到，地陪应向领队或其他游客问明原因，设法及时找到；若有的游客愿意留在酒店或不随团活动，地陪要问清情况并妥善安排，必要时报告酒店有关部门。

5. 提醒注意事项。地陪要向游客预报当日天气和旅游景点的地形、行走路线和所需时间，提醒游客着装、是否带雨具等事项。

6. 准点集合登车。是否准点出发是衡量一名导游组织能力高低的标志之一。游客陆续到达集合地点后，地陪应站在门的一侧，一面招呼大家上车，一面扶助老弱者登车。待游客全部上车坐好后，地陪再次清点人数，并检查游客个人随身物品是否放置安全，提醒游客检查个人证件是否带齐（身份证及相关门票优惠证件），提醒游客系好安全带，待游客坐稳后提醒司机开车出发。

> **微语录**
>
> "凡事预则立不预则废。"为了确保游客参观游览有序进行,需要地陪做好出发前的准备工作,尤其是智慧旅游全面推广的今天,要做好门票在线预订的确认、导游和游客个人证件的准备等。当然,接待计划执行中的用餐安排,旅游大巴车出行时间约定等也要逐一确认。

【任务实践】

地陪导游小李按照团队接待计划在抵达敦煌后,首先再次与计调确认莫高窟和鸣沙山月牙泉门票的预订情况,同时主动与餐厅联系,再次确认用餐人数和预计用餐时间。

一、核对在线门票预订

1. 景区名称:_____。
2. 团队人数:_____。
3. 团队人员身份证信息是否准确:□是　　□否
4. 优惠票类型:□60岁以上老年人　□学生　□残疾人　□军人　□其他:____
5. 优惠票数量:_____。
6. 导游票预订情况:□地陪　　□全陪
7. 门票付款方式:□现付　　□销核

YH 国旅景区结算单

　　　　　　　　　　　　年　　月　　日　　　　　　No 0000353

景点名称		团号			
项目		导游		团队人数	
分项费用	全票: (　)全×(　)= (　)	半票: (　)全×(　)=(　)		免票: (　)人	
费用总计				备注	

一联存根(白)　二联景区(红)

二、核对旅游大巴车出发时间和地点

1. 出发时间：_____。
2. 出发地点：□酒店大堂门口　　□酒店停车场　　□其他：_____

三、核对参观游览中用餐

1. 用餐地点：_____。
2. 用餐时间：_____。
3. 用餐人数：_____。
4. 司陪人数：_____。
5. 餐费付款方式：□现付　　□签单
6. 旅游大巴车停车地点：□餐厅停车场　　□沿街停放　　□无停车点

YH 国旅订餐签单

餐厅名称		导游		团号	
计调					
签单时间	_____年_____月_____日_____时				
金额（大写）	（　　）人×（　　）元=（　　）元				
费用总计			备注		

注：本签单按照我公司计调的确认执行。

四、提前到达，准时出发

地陪导游至少提前 10 分钟到达集合地，督促司机做好出发前的各项准备工作；与游客寒暄问好，清点人数并准时登车出发。

【典型案例】

线上订门票，信息核对很关键

某学院旅游管理专业师生共 22 人去景区实习，导游小张正好是这个学院毕业的，旅行社决定由小张带这个团。小张很开心，一路上有说有笑。和实习指导老师配合组织学生们轮番拿着话筒，讲欢迎词、做游戏、唱歌，气氛非常活跃，不知不觉已经到了景区。

小张去售票处，根据在线订单领取了 22 张门票，急匆匆地来到了检票口。在检票员的监督下，导游开始仔细地为通过检票口的学生发门票并引导学生刷身份证通过闸机。发完最后一张门票后，小张瞪大了双眼，一名学生刷了几次身份证都不能通过闸机。小张心里一慌，糟糕！问题出现在哪里了？22名学生，领取了22张门票，怎么会有错呢？

小张向进入景区的学生们喊话，让大家检查门票，有没有拿错，当时正值旅游旺季，游客比较多，显得很混乱，学生也一头雾水。导游向检票员求情，希望能网开一面，让最后这名学生过去，但检票员没同意。僵持十几分钟后，小张只好自己掏腰包又买了一张门票。景区的行程结束，小张回到车上，打开游客名单，仔细核对发现最后一位同学的姓名正确，身份证号码错误，小张这才恍然大悟。

【分析】

导游小张错在哪里了呢？为什么会有一张票无效呢？原因有三：第一，游客订票信息没有更新，订票人数无误，但是没有给该游客订票；第二，游客个人信息错误，姓名或身份证号码有错误；第三，游客信息张冠李戴。导游在带团过程中一定要多次核对团队成员的信息。景区智慧化建设已经普及，景区检票都使用自动检票、人脸识别等，地陪接团过程中应与计调、与游客认真核对游客个人信息。为了做到万无一失，地陪也可以拿游客身份证逐一核对。

【技能提升】

角色扮演：4人一组，分别扮演地陪、司机、餐厅、景区工作人员，进行参观游览服务前的计划落实情况。

礼宾服务：随机抽取同学演练，地陪向游客问候，了解早餐情况，与之聊天，征询他们的意见和建议，并组织游客登车。

【知识检测】

◆ 判断题

地方导游服务的准备工作主要包括思想准备、物资准备、计划准备、知识准备和形象准备。（　　）

◆ 单选题

1. 为了做好旅游团早上出发游览前的有关工作，地陪应至少提前（　　）分钟到达集合地点。

A. 3　　　　　　B. 5　　　　　　C. 8　　　　　　D. 10

2. 旅游者上车出发游览前，地陪要（　　）。

A. 再次清点旅游团游客人数　　　　B. 提醒游客带好随身物品

C. 介绍当日游览景点的特色　　　　D. 对游客的配合表示感谢

◆ 多选题

1. 如接待计划中有地陪不熟悉的游览景点，地陪在接团前应了解该景点（　　）。

A. 所在位置　　　B. 行车路线　　　C. 主要设施

D. 最佳游览路线　E. 厕所位置

2. 地陪提供的参观游览服务主要包括（　　）。

A. 出发前的准备　　B. 返程时的总结　　C. 沿途导游服务

D. 途中的娱乐活动　E. 景点的导游讲解

3. 地陪在带领旅游团（者）出发，前往旅游景点（参观点）之前，应做的准备工作有（　　）等。

A. 准备物品　　　　B. 清点人数　　　　C. 引导游客上车
D. 核实游客用餐　　E. 沿途导游

任务二　沿途导游

【任务描述】

任务内容	成果形式	完成单位
根据游览参观线路安排进行沿途导游讲解练习	现场展示	个人
以小组为单位，按照参观游览线路整理沿途讲解导游词	文本	小组

【知识储备】

沿途讲解是地陪导游工作的重要环节，是地陪导游人员的核心能力。沿途导游讲解内容主要有两个方面：游客和沿途景物，即游客对什么感兴趣？沿途能看到什么？如从交通站到景区，或从下榻酒店到景区景点，导游都应开展沿途讲解，做到见什么讲什么，哪怕是一草一木、一幢建筑物、一个街心花园、一个自由市场，都应加以简短介绍，使初来乍到的游客增加游玩兴趣。游客就怕导游"当哑巴"，一言不发，让自己的行程刚开始就毫无生气。导游不要认为自己司空见惯了的平常的事不值一谈，本地人习以为常的事，对外地游客来说却是新鲜事，往往很想知道。沿途导游的内容主要有：

沿途导游

一、重申当日活动安排

车辆开动以后，地陪要向游客重申当日的活动安排，包括参观景点的名称，到达游览点所需时间，景点游览的预计时间，午、晚餐时间和地点等，还应视情况分享当日天气情况、国内外重要新闻，如当地有节庆活动重大事件也应和游客分享。

二、沿途风光导游

在前往景点的途中，地陪应介绍沿途的主要景物，尤其是标志性建筑、城市雕塑、桥梁、主干道等，并向游客介绍当地的风土人情、历史典故等，以加深游客对目的地的了解，并回答游客提出的问题。讲解中要注意所见景物与介绍"同步"，并留意游客的反应，以便对其中的景物做更为深入的讲解。

沿途风光讲解要把握好最佳的讲解时机，有针对性地开展讲解，对景区景点游览做好铺陈，讲解过程中注意观察游客的表情、神态，多用简洁的语言、轻松的语气、适当的玩笑，以拉近与游客的距离。利用语言中的谐音向游客介绍景物，然后再以"由此及彼，由表及里"的方法，为游客介绍与该景物有关的某些内容，效果极好。熟悉沿途风光，讲解指示要提前，讲解内容要与景物同步。

三、景点介绍

抵达景点前，地陪应向游客介绍该景点的概况，尤其是其形成原因、价值和特色。介绍要简明扼要，目的是满足游客想事先了解景点有关知识的心理，激发其游览该景点的欲望，同时也为即将开始的参观游览活动做一个铺垫。

四、活跃气氛

如果前往景点的路途较远，地陪可组织适当的娱乐活动，如猜谜语、讲故事等，以活跃途中气氛，调动游客的兴致，营造轻松快乐的出游氛围。

微语录

沿途讲解是地陪导游介绍旅游目的地人文历史、城市风貌的绝佳机会，通过导游绘声绘色的沿途讲解，为游客树立良好的旅游印象，在树立旅游目的地形象的同时，是对祖国大好河山、悠久历史文化的赞美，更是对社会主义建设成果的展示。

【任务实践】

地陪导游小李按照团队接待计划在开展敦煌景点游览，前往莫高窟和鸣沙山月牙泉前，分别有 15~30 分钟的行车，地陪导游小李要适时开展沿途讲解。

一、重申当日活动安排

1. 游览景点：_____；

2. 景点抵达时间：_____；

3. 景点游览时间：_____；

4. 用餐时间：_____。

二、沿途导游讲解

敦煌市区前往莫高窟和鸣沙山月牙泉时会经过党河、沙洲夜市、反弹琵琶雕像等标志性建筑。作为中国历史文化名城,敦煌市的街道命名也别具特色,如阳关路、沙洲路、鸣山路等。地陪导游需要提前研究行车路线,为沿途风光讲解做好准备。

沿途讲解词:_____

_____

_____

_____

_____

_____

_____

三、景点介绍

1. 莫高窟简介:_____

_____

_____

_____

_____

_____

_____

_____

2. 鸣沙山月牙泉简介:_____

_____

_____

_____

_____

_____

_____

四、活跃气氛

可开展的活动有:
1. 诗词接龙;
2. 莫高窟有奖问答。

【典型案例】

该向哪里看？

导游小李第二次带团，社里给他安排了一个 16 人的上海团，小李很高兴，做了很充分的准备。

第二天，当他用方言致完欢迎词后，游客都很高兴。小李的沿途讲解也准备了很多内容。从火车站到酒店途中要经过西安市中心最繁华的商业街——东大街、钟楼、鼓楼等。小李便滔滔不绝地介绍起来："大家向前看，前面那座引人注目的建筑就是钟楼，它建于明代……大家向后看，后面这个建筑是西安市中心最大的百货商场——开元商场……"一路上，小李介绍了很多沿途景色，讲得很详细，客人们听得也很认真。

车开到酒店，游客下车时，一位老先生拉住小李的手说："小伙子，你沿途介绍得很详细，我虽然是第一次来西安，但听你一讲，对西安好像了解了不少。不过，你明天再讲的时候能不能提前一点告诉我们'向前看'，今天可能是车开得有点快，我们一会儿'向前看'，一会儿'向后看'，我年纪大了，颈椎不太好，脖子老扭来扭去不太舒服，好吗？"小李听后挺不好意思的，自己只顾着讲解，完全没有注意到这个问题。

【分析】

本案例中，小李因为沿途讲解没有注意旅游车的位移效果而引起了游客"善意的批评"。旅游车上的讲解要注意一个重要细节——旅游车是运动的，会产生位移，导游讲解时要提前告知游客下一个要介绍的目标，不能等旅游车到了或经过了再介绍，这样就晚了，就会出现游客在旅游车上伸长脖子一会儿"向前看"，一会儿"向后看"的情况。虽然看似很小的细节，但是这样一则会造成游客的不便，二则有的游客为方便前后看，起身或斜着坐在座位上，一旦司机紧急刹车，游客很可能会受伤。

除此之外，导游在车上讲解时要注意以下几个细节：

1. 站在车厢前部靠近司机让全体游客都能看得见。
2. 导游讲解时要提前 20~30 米告知游客下一个要介绍的目标，要让客人向前看，而不是向后看。
3. 对于左右方的目标，要指示游客的左右手方向，而不是导游的左右手方向。
4. 讲解时导游一手持话筒，另一手扶稳，保证自身安全。

【技能提升】

互动游戏：通过游戏开火车增进游客之间的了解，尤其适用散拼团：在开始之前，每位游客说出一个地名，代表自己。但是地点不能重复。游戏开始后，假设游客来自北京，而另一个人来自上海，你就要说："开呀开呀开火车，北京的火车就要开。"大家一起问："往哪开？"你说："上海开。"那代表上海的那个人就要马上反应接着说："上海的火车就要开。"然后大家一起问："往哪开？"再由这个人选择另外的游戏对象，说："往某某地开。"如果对方稍有迟疑，没有反应过来就输了。

表达练习：利用导航工具抓取一个从市区到 5A 景区的路线，设计沿途导游词并练习讲解。

【知识检测】

◆ 判断题

地陪向游客重申当日的活动安排后，还应视情况分享当日天气情况、国内外重要新闻，如当地有节庆活动重大事件没有必要和游客分享。（　　）

◆ 单选题

地陪在行车途中所做的沿途风光导游要与游客的（　　）。

A. 思维同步　　　　B. 观赏同步　　　　C. 需要一致　　　　D. 心理相符

◆ 多选题

1. 在前往景区的沿途导游过程中，地陪应（　　）。

A. 重申当日活动安排　　B. 了解游客生活需求　　C. 进行沿途导游讲解
D. 介绍景区购物环境　　E. 进行游客满意调查

2. 当旅游车抵达景点后游客未下车之前，地陪应讲清和提醒游客记住（　　）。

A. 旅游车型号和标志　　B. 旅游车的颜色和车号　　C. 旅游车的停车地点
D. 旅游车司机的姓名　　E. 游览后的开车时间

任务三　景点导游服务

【任务描述】

任务内容	成果形式	完成单位
以小组为单位，根据旅游线路安排的景点，开展景区导游词模拟讲解	现场展示	小组
根据旅游线路中安排的游览景点，拟写结构合理、内容翔实、资料丰富的景点导游词	文本	个人

【知识储备】

景点参观游览是旅游活动的核心，它具有异地性和暂时性，游客要想在较短的时间内，在一个陌生的旅游环境中获得较好的游览效果，需要地陪提供全面的景点讲解服务，尤其是当游客面对的是极具文化积淀的人文古迹和人文山水的时候。对游客而言，他们并不清楚在景区游览时应该注意什么，该看什么，该体会什么，也就是说，大部分游客是盲目的、不成熟的。所以在景区景点游览过程中，地陪讲解服务至关重要，包括旅游注意事项、景点导游讲解、旅游指南、安全警示以及文明旅游示范行为等。良好的景点讲解服务能让游客获得更充分的游览体验，也能增加游客对地陪和旅行社的满意度。景点讲解的内容如下：

景点导游服务

一、交代游览注意事项

抵达景点时，地陪在下车前要讲清和提醒游客记住旅游车的型号、颜色、标志、车号和停车地点以及开车时间，重申地陪导游的联系电话，带好身份证和优惠证件。尤其是下车和上车不在同一地点时，地陪更应提醒游客注意。

二、组织游客进入景区

随着智慧旅游的发展，全国旅游景区已经基本实现了智慧化订票、检票，地陪人员现场购票或签单的场景已经越来越少。地陪导游在确认订单后，应主动组织游客列队，刷身份证或手机二维码核销门票进入景区，如有优惠票游客则要提醒游客出示优惠证件。

三、景区游览图讲解

在景点游览图前，地陪应讲明游览线路、游览所需时间以及集合时间和地点等，还应说明游览的重点、休息区位置尤其是卫生间的位置。游览过程中，地陪还应向游客开展文明旅游宣传，讲明游览参观中的注意事项，尤其是文明旅游，如禁止吸烟、随意丢弃垃圾、随意刻画、大声喧哗等。

四、游览中的导游讲解

抵达景点后，地陪要对景点有关景物进行导游讲解。它是地陪传播当地文化和丰富游客知识的主要途径，因此讲解前应对讲解的内容预先有所构思和计划，即先讲什么、后讲什么，中间穿插什么典故和趣闻故事，以及哪些多讲、哪些少讲，都应根据游客的情况和计划的游览时间长短来确定，但是主要内容应包括景点的历史背景、特色、地位和价值等。此外，地陪还应结合有关景物或展品宣传环境和文物保护知识进行讲解。讲解语言要生动、优美、富有表现力，不仅使游客增长知识，而且能得到美的享受。在景点导游过程中，地陪应保证在计划的时间与费用内，能使游客充分地参观游览，注意做好导游与讲解的结合，适当集中与分散的结合，劳逸结合，以及对老弱病残游客的关照。

五、做好游客安全工作

在景区游览过程中，地陪要与全陪导游密切协作，地陪带领团队在前，全陪导游在团队后面压队。地陪应留意游客的动向，防止游客走失和治安事故的发生。在景点导游讲解中，地陪应时刻观察周围的环境和注意游客的动向，使游客自始至终环绕和跟随在自己周围或前后。为防止游客走失，地陪要与领队、全陪密切配合，随时清点人数。为防止游客发生意外事故，地陪还应注意和提醒游客在游览中提高警惕，防止治安事件发生。

> **微语录**
>
> 　　旅游活动中的不文明行为多源于旅游者自私的心理,是不文明者对规则的漠视和公德意识的缺失。文明旅游既是社会道德也是社会责任,是旅行中个体一己私欲的限制。文明是一种约定俗成的礼仪,是一种文化涵养的体现,是一种谦让、一种感同身受、一种易地而处的理解。2018年是文明旅游年,全国范围内开展了大量文明旅游宣传活动,不文明旅游敏感事件越来越少,居民出行旅游的文明意识已经大大提高。

【任务实践】

　　地陪导游小李按照团队接待计划开展敦煌景点游览,正前往莫高窟和鸣沙山月牙泉。莫高窟计划游览时间2.5小时,鸣沙山月牙泉游览时间2小时。

一、交代游览注意事项

1. 旅游车的型号、颜色、标识、车号:_____。

2. 旅游大巴停车地点:_____。

3. 旅游大巴开车时间:_____。

4. 重申地陪导游电话:_____。

二、组织游客进入景区

1. 检票闸机可使用哪些手段检票?
□身份证　　　　□购票二维码　　　　□各种优惠证件
□中华人民共和国港澳居民居住证
□中华人民共和国台湾居民居住证
□中华人民共和国外国人居留证

2. 思考:地陪导游应怎样组织游客列队检票?

_____
_____
_____

三、景区游览图讲解

在互联网上搜集旅游线路中安排的旅游景区（点）导览图，并开展景区游览图讲解。如根据鸣沙山月牙泉景区导览图开展讲解练习。

_____
_____
_____
_____

四、游览中的导游讲解

1. 景点得名的讲解。

例如：莫高窟的得名有三种说法，一是据唐《李克让重修莫高窟佛龛碑》一书的记载，前秦建元二年（366年），僧人乐尊路经此山，忽见金光闪耀，如现万佛，于是便在大泉河谷的岩壁上开凿了第一个洞窟。为纪念乐尊取名"莫高"意为莫高于此僧。二是此后法良禅师等又继续在此建洞修禅，称为"漠高窟"，意为"沙漠的高处"。后世因"漠"与"莫"通用，便改称为"莫高窟"。三是古代敦煌，鸣沙山又称漠高山，山下有漠高乡，千佛洞在漠高山下，属漠高乡所管辖。因此便由漠高山、漠高乡等地名演变出了莫高窟的名字。

景点的得名是一个长期的文化积淀的过程，在不同的历史时期逐渐演变。首先在讲解该景点得名时要讲清演变过程，对现用名务必做到有据可查，要引用得名文献的全称和原句；其次要对广为流传的其他得名方式逐一交代，解释原因，破除误解。

鸣沙山月牙泉得名：_____
_____
_____
_____
_____
_____

2. 讲故事。

例如：编号第257窟的西壁留存有一幅描绘九色鹿故事的壁画，它距今已有1 500多年。相传九色鹿在恒河中救起了一名溺水的男子，男子得救后，千恩万谢，答应永不泄露九色鹿的住所，但后来男子贪图世间富贵，向国王和王后泄露了九色鹿的行踪。当国王带队抓捕九色鹿的时候，从九色鹿的口中知道了事情的原委，国王便放弃了抓捕。最后男子遭到

游览中的导游讲解-麦积山

报应，全身长满烂疮而死。

在景点讲解过程中，讲故事是景点导游词的常见素材。讲故事一要有幽默感，讲解语言轻松风趣；二是要有代入感，适时和客人有所互动；三是要有真实感，不要信口开河，随意捏造。必要时还要一人分饰多角，故事讲解要绘声绘色。

鸣沙山形成传说故事：_____

_____

_____

_____

_____

3. 讲解景点诗词匾额楹联碑刻。

余秋雨在《文化苦旅》一书中说："读万卷书，行万里路，两者关系如何？"这是我碰到最多的提问。我回答："没有两者。路，就是书。"这句话道出了文化和旅游之间相互依存的关系，是诗和远方终归一路的旅游哲学。旅游活动就是游客通过获取旅游文化知识，体验、感知、升华思想情感，最终获得文化洗礼的高阶感受。景点导游词讲解中，适当地引经据典，引用一些与参观景点相关的著名诗词、名句和名人警句等，在提高导游讲解的文学品位的同时，使游客享受中华优秀传统文化的熏陶。旅游审美体验贯穿旅游活动全程，既有对旅游美景的欣赏，又有对旅游文化的感悟。导游人员通过含义简洁凝练，增添感染力的古文诗词可以有效增加游览过程中的文化美感，也有利于游客产生联想或共鸣，感受文化洗礼。匾额、楹联、碑刻和诗词都是中华灿烂文化的宝贵遗产，它们和诗词一样大多都是用古汉语撰写的，参观游览过程中需要导游人员的专业释读和讲解，以达到提高旅游美学体验的作用。

例如：亲爱的各位团友，欢迎大家来到秦皇岛。秦皇岛三面环海，是渤海湾一个不冻良港，相传秦始皇求仙曾到此，因此得名。北戴河是秦皇岛市西南海滨，暑期平均气温24.5摄氏度，是闻名中外的暑期避暑胜地。1992年，毛主席100周年诞辰，北戴河区政府在鸽子窝公园矗立一座毛主席雕像，雕像高3.2米，仿花岗岩基座高2.7米，基座东部用大理石刻着毛泽东的词《浪淘沙·北戴河》。

该词上片写景，景中含情，下片抒情，情中有景。全词54个字，却涉及丰富的历史文化知识，幽燕指古幽州及燕国，在今河北省北部及东北部，幽州、燕京都是河北的古地名。"白浪滔天，一片汪洋"会使人联想起一千多年前曹操登陆碣石山观海的历史往事和那首《观沧海》诗。而以一句"往事越千年"倒转时空，展现历史的画面。往事：在这里指公元207年（建安十二年）曹操东征乌桓经过碣石山时写下《观沧海》诗的事件；越千年，只是一个大概数，实际已1 700多年。"魏武挥鞭，东临碣石有遗篇"恰似一幅生动、传神的剪影，勾勒出曹孟德当年策马扬鞭、登山临海的雄姿。碣石是古代山名，位于现今何处，学术界尚有争议，有河北乐亭说、河北昌黎说、山东无棣说等。本词中指的是位于河北昌黎。昌黎碣石山位于河北省昌黎城北一公里，与北戴河毗邻，是五岳之外的"神岳"。新中国成立后，结束了几千年的阶级社会，人民当家作主。此时社会主义建设的伟大事业，正在如火如荼开展。"萧瑟秋风今又是，换了人间。"洒脱豪迈，展现出伟大领袖的革命浪漫主义精神。

试讲《李克让重修莫高窟佛龛碑》：_____

_____

_____

_____

_____

五、做好游客安全工作

1. 景点游览过程中，地陪导游和全陪导游的分工？

_____

_____

_____

2. 在景点游览中，地陪的安全警示语：
留意头上景，当____脚下路。
风景在游览的路上，安全在你我的____中。
宁走千步远，不走一步险。
畅游天下美景，安全不忘其中。
处处留____皆风景，时时_____险情。
美景处处收眼底，安全时时记____里。
处处____，安全是____。
美景在眼底，安全在____中。
山水风景好，安全别忘了。
足行千里路，眼观八方景，处处平安情。
山水美丽静____赏，注意脚下____不慌。
走路不观景，观景不____路。

3. 演练：团队游览过程中的人数清点？

在班级开展人数清点比拼，抽取 3 名同学扮演地陪导游，其余同学扮演团队游客和散客，每次随机派出 15 名以上同学扮演团队游客和散客，数量不固定，地陪导游引导游客开展模拟景点参观，在教师给出指令后地陪导游用最快的速度识别团队人数。

【典型案例】

导游分工合作找回游客

广西导游唐小姐带一个老人团去云南。由于是老人团，地陪和唐小姐在旅游途中都格外小心，没想到在世博园里，还是出了点小意外。自由活动结束后，团里却少了一位老伯。她和地陪导游急忙分头行动，地陪导游带着旅游团回酒店，唐小姐则留在世博园里寻找那位没有归队的老伯。在偌大的世博园里，唐小姐在园里整整找了两个小时，最后才在一张长凳上找到这位老伯。原来这位老伯游累了之后，竟在长凳上睡着了。事后，这个团的老人纷纷夸赞小唐"真是个细心的好导游"。

【分析】

游客在旅游活动中走失后，导游应该做好以下几个方面的工作：

1. 了解情况，迅速查找。在带团游览景点时，导游人员发现游客走失后，应立即向其他旅游者、景点工作人员了解情况，全陪、领队迅速分头去寻找，地陪带领其他游客放慢速度继续游览。这样在寻找丢失游客的同时，又不耽误其他游客的参观游览，这是导游必须牢记的服务细节。

2. 寻求有关部门的帮助。如果经过认真寻找仍找不到走失的游客，导游人员应立即向游览地派出所和管理部门求助。

3. 与下榻酒店联系，了解走失者是否已自行返回酒店。

4. 向地接社领导报告。如果采取了上述措施仍找不到走失的游客，地陪应向地接社及时报告并请求帮助，必要时经领导同意后向公安部门报案。

【技能提升】

技能演练：以小组为单位，分别扮演地陪、全陪和游客，模拟演练合作组织团队秩序情景。

表达练习：以小组为单位，分别准备导览图讲解，讲故事，景点诗词、匾额、楹联、碑刻等讲解练习。

【知识检测】

◆ 判断题

匾额、楹联、碑刻和诗词一样都是中华灿烂文化的宝贵遗产，它们和诗词一样大多都是用古汉语撰写的，参观游览过程中只需要导游朗读就可以。（　　）

◆ 单选题

1. 在景点游览过程中，地陪要与旅游团领队、全陪密切配合，随时清点人数以防止（　　）。

A. 游客财物被偷　　　　　　　　B. 游客遭受骚扰
C. 游客人身受到损害　　　　　　D. 个别游客走失

2. 旅游团在景点游览期间若遇小贩强拉强卖的情况，地陪应该（　　）。
A. 严肃批评小贩的行为　　　　　　B. 立即报告景点管理人员
C. 立即报告城管人员　　　　　　　D. 提醒游客不要上当受骗

◆ 多选题

1. 在景点示意图前，地陪应向游客讲清的问题有（　　）。
A. 景点的游览路线　　B. 景点游览所需时间　　C. 游览的方式方法
D. 游览后的集合时间　　E. 游览后的集合地点

2. 在景点游览过程中，地陪的导游活动应做到（　　）。
A. 导游与讲解的结合　　B. 观赏与拍照的结合　　C. 适当集中与分散的结合
D. 劳与逸的结合　　　　E. 老年与青年游客的结合

任务四　返程服务

【任务描述】

任务内容	成果形式	完成单位
小组讨论思考旅游行程安排中的景点游览环节，哪些是一天游览中的精粹之处、感人之处	现场展示	小组
拟写返程讲解导游词，注意情感共鸣的营造	文本	个人

【知识储备】

景点参观的结束并不是参观游览服务终点，通过一天的一同游览。地陪与游客有了共同的经历、共同的回忆，此时是敲开游客心理大门的最佳时间。地陪要充分利用返程时间，进一步拉近与游客的情感距离，有始有终努力营造完美的出游感受，为之后的工作打下良好的基础。返程的服务工作主要有：

返程服务

一、小结当天的活动

地陪应引导游客回顾当天参观、游览的内容，尤其是一天游览中的精粹之处、感人之处，与游客产生情感共鸣，进一步提升旅游体验；同时对不尽如人意之处、遗漏之处，要做必要的补充讲解，得到游客的理解；积极解答游客在游览景点中发现的各类问题，收获游客的信任感。景点参观的结束并不是参观游览服务的终点，地陪要有始有终，努力营造完美的出游感受。

二、非重复线路的沿途风光介绍

旅游线路的编排一般都避免走"回头路",应对返程路途的风光应做简要介绍。介绍时要以能掀起一个新的小高潮为宜,不要给客人虎头蛇尾、草草收场的感觉,否则一天的辛苦便事倍功半了。

三、宣布次日活动日程

返程下车前,地陪要预报当晚或次日的活动日程,出发时间、集合地点等。下车时提醒游客带好随身物品。地陪要先下车,照顾游客下车,再与他们告别。

> **微语录**
>
> 旅游与美密不可分,旅游涉及审美的一切领域。著名学者叶朗指出:"旅游,从本质上说,就是一种审美活动。"旅游活动中旅游客体和旅游主体之间的审美共鸣,是思想感情契合相通、和谐一致的心理现象,是一种物我合一的群体审美境界。为了有完美体验,需要导游在游览过程中不断铺陈,以进入审美状态,引导游客和导游建立境界相近的感受,从而达到审美共鸣。

【任务实践】

地陪导游小李带领游客完成了敦煌景点的游览,在返程回酒店的路上,认真开展一系列的返程服务。

一、小结当天的活动

活动:讲解演练。
1. 回顾一天的旅游活动。
2. 回顾讲解游览精粹之处。
3. 补充讲解。

二、非重复线路的沿途风光介绍

思考:非重复线路的沿途风光介绍的强度。

三、宣布次日活动日程

演练:迎送游客。

【典型案例】

希望旅游车一直"堵下去"

8月中旬,西安某旅行社导游小李接待了北京一行16人的"红色之旅"团队,该团队大多是老年人,对延安心仪已久。

在延安的两天,游客们感受着延安精神,整个行程非常顺利,没想到在返回西安的路上,因为前方事故,旅游车被堵在黑洞洞的隧道中。小李此时如热锅上的蚂蚁,心想这里前不着村后不着店,得想个办法安抚游客的情绪。小李冷静下来后对游客说:"孔子云:有朋自远方来,不亦乐乎?看来延安的老百姓舍不得大家走,才让大家在延安多停留一会儿。值此机会,我献丑给大家来首《东方红》,但是我今天唱的是普通话版、摇滚版和陕北民歌版3种不同风格的歌曲。据我了解,咱们司机刘师傅是延安人,那么这个陕北版就交给刘师傅了,大家说好不好?"这时,车厢内的气氛顿时活跃起来,小李和刘师傅演唱了不同版本的《东方红》,车中的游客们也自告奋勇,大家独唱、合唱革命歌曲和爱国歌曲,气氛感染着每一个人,连腼腆的刘师傅也主动教游客唱陕北民歌。大约一个小时过去了,前方的事故解决了,旅游车又启动了,大家一起欢呼。看着大家有些累,小李想起自己随身带的几张CD,于是对游客说:"今天虽然咱们堵了一个小时的车,但是正因为这一个小时让我们的延安之行更愉快、更有意义。现在我们要离开延安了,接下来让我们在老树皮乐队的萨克斯声中回家。"

伴随着萨克斯曲《回家》,旅游车在夜幕中继续行驶,车中的气氛安宁而祥和,每个人的脸上都洋溢着享受的表情,连小李和司机都被感染了,谁都不愿意破坏这种气氛,直至旅游车安全抵达酒店。

几天后小李收到游客的表扬信:"……这个旅程真的让我们很愉快,小李用热心、耐心的服务让我们度过了原本令人煎熬的堵车时段,说实话那一刻我们真的希望旅游车一直堵下去……"

【分析】

遇上突如其来的变故,导游也难免要尴尬、犯愁。解决这些困难,要靠导游的责任心、经验和智慧,也离不开协作精神。

本案例中,小李在堵车等待的过程中,与司机合作,因势利导,即兴发挥,用智慧的语言和美妙的歌声成功化解了客人的情绪,收到了意想不到的效果。小李随机应变,用词巧妙,表现出很高的导游技巧和职业道德。

对导游人员来说,要干好这份工作,是需要讲究方式方法的,需要不断积累经验。要虚心向同行学习,以便把工作做好,让游客获得物"超"所值的高质量服务。

【技能提升】

表达练习:回顾一天的景点游览,对游览中的精粹之处、感人之处,展开讲解。

【知识检测】

◆ 判断题

旅游线路的编排一般都要避免走"回头路",因而应对返程路途的风光做简要介绍。介绍时要以能掀起一个新的小高潮为宜,不要给客人虎头蛇尾、草草收场的感觉,否则一天的辛苦便事倍功半了。(　　)

◆ 单选题

地陪应引导旅游者回顾当天参观、游览的内容,尤其是一天游览中的精粹之处、感人之处,与游客产生情感(　　),进一步提升旅游体验。

A. 快乐　　　　　　B. 共鸣　　　　　　C. 满意　　　　　　D. 波动

◆ 多选题

1. 在一天的旅游活动结束后返回酒店途中,地陪应做好的工作有(　　)。

A. 对当天的活动内容进行简要小结　　B. 报告当天活动所取得的成果

C. 进行沿途风光导游　　　　　　　　D. 宣布次日活动日程

E. 告知次日活动的要求

2. 当旅游车回到酒店时,在游客下车前地陪要向旅游者预报当晚和次日的(　　)。

A. 活动日程　　　　　B. 天气情况　　　　　C. 出发时间

D. 路途状况　　　　　E. 集合地点

【项目评价】

表5-1　自我评价

序号	任务	评价等级			
		A	B	C	D
1	我已做好游览出发前的准备				
2	我能进行沿途导游讲解				
3	我能进行景点导游讲解				
4	我能根据游览安排进行返程服务				

(评价等级:A为优秀;B为良好;C为一般;D为有待进步)

表5-2　综合评价

评价要素	评价标准	自我评价	小组评价
学习态度	按时出勤、无迟到早退现象; 积极主动学习,有进取心; 学习目标明确,按时完成学习任务; 学习兴趣浓厚,求知欲强,养成自主学习的能力		

续表

评价要素	评价标准	自我评价	小组评价
语言表达	能围绕主题，突出中心，语言得体； 表达有条理，语气、语调适当； 发音准确，吐字清晰，用词贴切，表情恰当，富有感染力		
应变能力	敢于提出问题，发表个人意见，提高口头表达和应变能力		
合作意识	能与同学共同学习，共享学习资源，互相促进，共同进步； 积极参与讨论与探究，乐意帮助同学； 在小组学习中主动承担任务		
探究意识	积极思考问题，提出解决问题的方法，有创新意识； 勤于积累，善于探索，思维活跃，反应灵敏		
情感态度	努力发展自己的潜能，能认识自我的优缺点； 遵守国家信息使用安全规范，明辨善恶		
信息化能力	会使用搜索引擎查找资料； 能够从搜索信息中筛选所需信息并分析归纳整理； 会使用办公软件处理文档，利用社交媒体进行交流学习		
综合评价	自我评价等级： 签名： 年 月 日	小组评价等级：	签名： 年 月 日
教师评价	激励性评语： 签名： 年 月 日		

（评价等级：A 为优秀；B 为良好；C 为一般；D 为有待进步）

【知识拓展】

导游在旅行途中可以组织的娱乐活动

一次完整的旅游活动，吃、住、行、游、购、娱每个环节都不可或缺。带团过程中，为丰富游客的旅游体验，导游应适当组织一些有益身心健康的娱乐活动。导游带团常见的娱乐活动有讲故事、讲笑话、做游戏、歌曲表演及诗词朗诵等。导游在组织团队娱乐活动时应做到心中有数，熟悉导游带团过程中常用的娱乐活动方式，掌握导游组织娱乐活动的技巧，尽量让每一位团友都参与。

一、讲故事、说笑话

讲故事、说笑话是导游人员常用的导游技巧之一,也是考验导游人员口才的一种手段。旅游者在听故事、听笑话的过程中得到精神的愉悦和放松,从而对导游人员产生好感、加深印象,也有乐于配合导游的工作。

(一)讲故事、说笑话的注意事项

导游所讲故事、笑话一定要有积极的意义。讲故事、说笑话要注意以下几方面。

1. 抓住时机。

导游人员在讲故事、讲笑话时,应注意时机,有的放矢。比如导游带团参观深圳的西丽果场,就可以讲这样的笑话:话说从前,我们这儿出了个大学生,学的是农学专业,有一年暑假回到家乡,看到老乡们在移植果树,就上前指正道:"各位乡亲如果这样来移植果树,要是明年能结出苹果来我都觉得不可思议。"老乡们抬起头看了一眼这位大学生,说道:"如果这些树能结出苹果来我们也会觉得不可思议,因为它是荔枝树。"导游讲完这个笑话时,就可以引出关于荔枝树的讲解。

2. 注意声情并茂。

导游讲故事、讲笑话要注意声音和表情的运用。对角色进行夸张模仿,刻画其生动有趣的形象,以引起强烈的共鸣。

3. 注意停顿,保持冷静。

如果老师上课讲到一半,你本来快睡着了,突然,教室一片鸦雀无声,你是不是会抬起头来看看发生了什么事?这就是停顿的吸引力。利用停顿,可以让大家把注意力放在你的身上,甚至还能够引起大家的好奇心,这样的故事、笑话才容易让人印象深刻。特别是要转换语气或是要换到下一段的时候,一定要停顿一下,让游客跟上你的进度,同时期待你继续讲下去。

(二)讲故事的技巧

导游人员要注意讲故事的技巧,从而起到让游客娱乐和深刻反思的作用。

导游无论说话还是讲解都要看对象,讲故事的内容也不例外。如果不了解游客的文化水平和兴趣爱好,那么再好、再生动的故事也可能只是"对牛弹琴",也有可能让游客听后一笑了之或者似懂非懂,"丈二和尚摸不着头脑"。这样不仅达不到导游的预期效果,反而给游客带来理解上的困难。为了争取把故事讲好,导游要做好以下几方面的工作:

1. 努力提高自身的文化素养。

导游在整理编排故事的过程中,其本身也是提高自身文化素养的过程,千万不能人家怎么说,我照单全收,更不要学那些低级庸俗的东西。只有吸收精华,去其糟粕,用自己脑子"加工"过的故事,才会变得高雅清新,雅俗共赏。相反,肚里只有"一本经",讲故事的套路又不多,只是逗游客笑笑,即使故事内容本身很精彩,也会被讲得乏味、枯燥,有时还会弄出一些笑话来。

2. 要具备出色的表达能力。

讲故事最要紧的是表达能力，一个故事精彩与否，表达能力要占一大半。它不但要求"表演者"具有较高的文化素养，而且还要有较强的驾驭语言的能力，要达到运用自如、炉火纯青的境界。一是学，学古今中外，风土人情，历史典故等，做到"上知天文地理，下知鸡毛蒜皮"，包罗万象。二是练，练嘴皮、练脸皮。反复练，反复学，充满信心，不断总结经验，才能达到应有的效果。

3. 精心设计"腹稿"。

一个生动、精彩、有意义的故事，不是每一位导游都能讲好的，所谓"拳不离手，曲不离口"就说明好的故事要不断地讲，不断地练，才能越讲越好。许多导游都曾有这样的体会，只要一段时间不带团，讲故事时就会感到生疏、陌生。由此可见，为了使自己所讲的故事达到最理想的效果，除上述所讲需要勤学勤练外，在讲故事前还需精心设计一番，哪里有伏笔、哪里有笑料、哪里有过渡等均要有"腹稿"，前后次序也不能搞颠倒。

4. 讲故事需要进入角色。

导游在讲故事时要十分投入，不要受其他事情所干扰、分心，特别是有关名人逸事更应如此。当然，在比较杂乱和空旷的讲解环境下，加上游客听导游讲解本身就出于"自愿"，导游的讲解要吸引全部游客确有难度。因此，衡量导游是否进入角色的标准，主要是看其是否尽心尽责，是否认真讲解，游客注意力是否被其吸引、对故事是否感兴趣、故事是否产生效果。分心是导游讲故事的大忌，不仅影响导游进入角色，还会破坏游客的情绪和兴致。如果导游眼神"走错跑道"，那么就会引起游客的猜疑：导游在看什么？眼睛也会不由自主地往"走错的跑道"上望去，以致游客的注意力被分散了，导游所讲的故事也中断了。

（三）对笑话的运用

各国游客，无论种族、肤色如何，都喜欢表面轻松、内涵丰富的笑话。好笑话能让游客听后感觉轻松、愉悦甚至惊奇，并能够获得某种特别的感悟。好的笑话需要有3种要素，既要使人产生某种优越感，又能消除因忧虑引起的紧张情绪，并且结局要出乎意料。会不会讲笑话，实际上是一种综合修养，反映出一个人的伦理道德、心理学、行为学、修辞学、逻辑学等多方面的修养。这种修养不是一朝一夕可以练就的，需要长期、反复地磨炼和实践。下面提几条建议：

1. 他笑我不笑。

导游说笑话时，一定要沉得住气。只有在讲笑话之前，对于笑话的结构、意义有了超脱于笑话本身的认识，在讲述的过程中，才能做到镇定自若，从容不迫，该渲染的渲染，该卖关子的卖关子。如果太急于取笑而直接抖出笑料或者自己忍不住先哈哈大笑，那么笑话就不好笑了。

2. 要富于联想，使笑话切中话题。

大多数时候，人们所谈论的话题，本身并无可笑之处，如果长此以往，说话就越来越乏味。为此，导游要富于联想，能从当前的话题引发出一些相关的笑料，不时地"滑"到旁枝上去，就使谈话立刻有了趣味。

3. 要根据现场的不同气氛，选取那些风格与气氛相吻合的笑话。

笑话或嘲或讽，或辣或刺，或警或劝。就其内在的风格而言，又有深刻与肤浅、庄重与戏谑、严肃与轻松的区别。导游要精心选取那些与现场气氛相吻合的笑话，才能使所讲的笑话不破坏原有的和谐，显得天衣无缝。

4. 多讲新鲜笑话，少讲司空见惯的笑话。

笑话易于传播，为广大群众喜闻乐见。不少传统笑话已深入人心，妇孺皆知，如果你开了头，别人就知道结尾，那么这个笑话就失去了功效。导游应精选那些较为陌生的、新近出现的笑话。

5. 要善于改造笑话，找到最好的口头表达形式。

现在较为流行的笑话是对话体笑话，多以书面语言的形式载于各类报刊。如果想把读到的笑话，传达给别人，就必须经过调整、补充，把它们改造成口头语言的故事体笑话。

（四）讲故事、说笑话的禁忌

1. 导游讲故事、笑话尽量选择在轻松愉快的氛围下进行。有道是"出门观天色，进门看脸色"。讲笑话也要注意场合，比如游客心情不佳，极度悲伤或肝火正旺时，不带任何同情心的笑话，只能给人强颜欢笑和幸灾乐祸的感觉。

2. 导游人员尽量不要把讲笑话当作节目来表演，而是穿插在导游词中进行讲解，从而避免笑话不好笑带来的尴尬。

3. 忌讲黄色笑话和政治笑话。导游人员是一个国家一个地区形象的代表，是文化知识的传播者，所以在讲笑话过程中要宣扬健康的文化。

4. 切勿取笑他人。人们大多不愿意被人当作取笑的对象，尤其是有心理和生理缺陷的人在这方面特别敏感。所以导游人员在讲笑话时要尽量把自己作为笑话的对象。

二、做游戏

在旅途中，做游戏可以增进导游人员与旅游者之间的互相了解和友谊，同时也能给旅途增添乐趣。常见的旅途游戏有猜谜语、成语接龙、绕口令等。

（一）猜谜语

明确猜谜语的意义：猜谜语是一种群众喜闻乐见的传统娱乐形式。设计巧妙的谜语可以引人思索，有的甚至给人一种艺术享受。导游人员在旅途中出一些谜语给游客猜，可以增添不少乐趣。

注意猜谜语游戏的技巧：第一，谜语不能太难；第二，猜谜语最好有一定的目的，如通过猜谜语引出当地的名人或特产等；第三，带小学生团的时候多采用；第四，游客猜不到的时候要及时给出答案。

导游在旅途中需要提前准备好谜语，等待时机成熟，让游客参与其中，适当的时候以小礼品作为奖励。

1. 系列谜。
（1）一片绿草地（猜花名）——梅花（没花）；
    又一片绿草地（猜花名）——野梅花（也没花）；
    来了一只羊（猜一种水果）——草莓（草没了）；
    又来了一只羊（猜一种蔬菜）——豆角（斗角）；
    羊还在，来了一匹狼（采水果）——杨梅（羊没了）；
    狼还在那里，又来了一群羊(猜一种小食品的牌子)——喜之郎（狼高兴死了）。
（2）两只蚂蚁走在路上，突然看见一只很大的梨，打一国家名。
    答案一：蚂蚁甲："咦，大梨？"（意大利）
    答案二：蚂蚁乙："嘘，梨呀。"（叙利亚）
    答案三：蚂蚁甲："噢，大梨呀。"（澳大利亚）
    答案四：蚂蚁乙："嘻，搬呀。"（西班牙）
    答案五：蚂蚁甲："我来！"（文莱）
    答案六：蚂蚁乙："抱家里呀。"（保加利亚）
    答案七：抱不动，蚂蚁甲出主意："啃梨呀。"（肯尼亚）
    答案八：蚂蚁已咬了一口，说："梨不嫩。"（黎巴嫩）
    答案九：蚂蚁甲也咬了一口，说："面的。"（缅甸）
    答案十：蚂蚁乙再咬了一口，说："一涩梨。"（以色列）

2. 人物谜。
啥子都卖了，就是不卖被子（打一三国人名）——刘备；
笼中鸟（打一三国人名）——关羽；
降落伞（打一三国人名）——张飞；
乐不思蜀（打一歌手名）——刘欢；
禁止放牛（打一唐代诗人）——杜牧；
日暮投宿难（打一唐代诗人）——白居易；
雪压千山尽素装（打一现代画家）——齐白石；
潜心写作（打一现代作家）——沈从文；
庄稼人（打一现代作家）——田汉；
一元二角四分（打一台湾作家）——三毛；
赤壁之战——孙悦、刘欢；
岂能虚度年华（打一外国作家）——安徒生。

3. 国名、地名谜。
面向新事物——朝鲜；
红橙黄绿青蓝紫——以色列；
背景分明——北京；
巨轮出港——上海；
大河解冻——江苏；
辽阔大地——广州；
风平浪静——宁波；

八月飘香——桂林；
四季花开——长春；
海上绿洲——青岛；
双喜临门——重庆；
金银铜铁——无锡；
白日依山尽——沈阳；
一路平安——旅顺；
拆信——开封；
空中码头——连云港；
基本一致（打一山西地名）——大同；
终年积雪——长白山。

4．物品谜。
世界风貌——地球仪。
大智若愚——傻瓜相机。
智可胜勇——巧克力。
挑肥拣瘦——排骨。
言不由衷（打一针织品）——背心。
此物大而轻，肚内火烧心。——灯笼。
一天过去，脱件衣裳，一年过去，全身脱光。——日历。
铁打一只船，不推不开船，飞阵蒙蒙雨，船过水就干。——熨斗。
闲时嘴朝上，忙时放嘴上，大的迎宾客，小的上战场。——唢呐。
独木造高楼，没瓦没砖头，人在水下走，水在人上流。——雨伞。
十个外面裹，十个里面躲，冬天人人爱，夏天箱里锁。——手套。
祖宗留下一座桥，一边多来一边少，少的要比多的多，多的反比少的少。——算盘。
有城没有街和房，有山没有峰和岗，有河没有水和鱼，有路不见车来往。——地图。
金枝玉叶山上飘，流落人间冷水浇，仅仅为了一把米，被人绳索捆在腰。——粽子。

5．字谜。
什么字，两个口？（吕）
什么字，三个口？（品）
什么字，四个口？（田）
什么字，五个口？（吾）
什么字，六个口？（晶）
什么字，七个口？（叱）
什么字，八个口？（叭）
什么字，十个口？（古）
什么字，千个口？（舌）

6．故事谜。
（1）赛马。
很久以前，有一位老人，他有三个儿子。每个儿子各有一匹马，老人自己还有一匹骏马。老人临终前留下遗嘱：让三个儿子赛马，跑马地点明确，看谁的马跑得最慢，谁就能得到老人的骏马。三个儿子遵照老人的遗嘱，准备赛马。三个人各居跑马起点，为了比慢，谁也不撒缰，三匹马从早到晚呆立不动。第二天照旧如此，等到夕阳西下时，从远方来了位智者，见三人赛马不跑，不知何故，询问后，方知其因。智者笑笑说，这很容易解决。三个人按照智者出的主意去做，其中有一匹马跑得最慢，它的主人就赢得了骏马。

你知道智者出的是什么主意吗？（三个人换马骑即可）

（2）赏花。

明代才子祝枝山的家里有个花园。春天到来时，园中牡丹盛开，五色俱全，有一天，祝枝山邀请了很多朋友前来赏花，并且要大家从各色牡丹中各选一株，然后评点花中之魁。一时间，众说纷纭，有的说红的，有的说紫的，有的说黄的。可是，只有唐伯虎赏而不言。大家都知道他是评花的高手，就要他发表高见。唐伯虎微微一笑，说："百无一是。"大家听了很愕然，都认为唐伯虎过于狂妄，出言不逊，在这姹紫嫣红之中竟然没有一株他看得上眼的牡丹花。但只有主人祝枝山听了恍然大悟，说："高见！高见！花中自无一是。"

唐伯虎和祝枝山之言是一个谜，你们能揭开这个谜吗？

（"百无一是"即"白"，"自无一是"即为"白"。两人均暗指白牡丹为佳）

（3）祝枝山评文章。

这一天，县太爷把祝枝山请到府衙，拿出儿子写的一篇文章让祝枝山看。祝枝山难以推辞，认真看了一遍，提笔写了两句唐诗："两个黄鹂鸣翠柳，一行白鹭上青天。"旁边注了一行小字：打两个成语即为评语。周围的师爷们一看，纷纷恭维说：上句是"有声有色"，说文章写得好；下句是"青云直上"，指公子前途无量。县太爷眉开眼笑，忙问祝枝山对不对。祝枝山大笑道："我已经写在令郎文章的脚下。"说罢，扬长而去。县太爷连忙仔细查找，终于在文章右下角找到了八个字，一看，弄了个倒憋气。

你知道是哪八个字吗？（不知所云，离体万里）

（4）数字对联。

一年新岁，蔡大人邀郑板桥同往街巷观赏奇联巧对。二人走到一偏僻窄地，见一户人家门前所贴春联与众不同，只见上下联各为：二三四五六七八九。

郑板桥一看，顿起怜悯之心，对蔡大人说："请稍等片刻，我去去就来。"说完，不等蔡大人开口，便掉头就走了。蔡大人望着他匆匆而去的背影，莫名其妙。

不一会儿，郑板桥气喘吁吁而来，只见他夹着几件衣服，肩上还背着一袋大米。他"笃笃笃"敲开了那家的门，只见那家老小都困在一张床上，灶里也是冷冰冰的。郑板桥说："穿上衣服，煮饭吃吧。"那家主人感激涕零，千恩万谢。

出了门，蔡大人不解地问："老兄，你怎么知……"郑板桥嘻嘻一笑，指了指那家的门联，解释了一番。蔡大人才恍然大悟。

你能猜出其中的奥妙吗？

（对联说明他们缺衣"一"少食"十"）

7. 脑筋急转弯。

（1）有油灯、暖炉、壁炉，应该先点哪样呢？（火柴）

（2）用左手食指指着车顶，问游客："这是什么？"游客一般会回答"1"。（答案应为"这是食指啦"）用右手做同样的动作再问客人："这是几？"多半要回答是食指（答案应为"这是1"），要根据提问来找答案。

（3）太平洋的中间是什么？（水、平）

（4）芳芳在学校门口把学生证掉了，怎么办？（捡起来）

（5）一只饿猫看到老鼠，为什么拔腿就跑？（去追老鼠）

（二）接龙类

1. 成语接龙。

明确做成语接龙游戏的一般规则：成语接龙一般由导游说一个成语，从前排开始，每位游客都要参加，所说成语的第一个字必须是上句成语的最后一个字或谐音。如一心一意，接下来可说异想天开、开开心心等。

注意成语接龙游戏技巧：第一，游客精力应比较旺盛、年轻；第二，时间不宜过久（20分钟左右）；第三，尽量和参观的景点或当地风土人情有关联。

2. 句子接龙。

导游先说一句话，后面的游客用最后一个字开头造句，如此类推。

比如：今天天气好，

好想去爬山，

山上有东西，

……

3. 代号接龙。

（1）人数在10个人以内最适合。

（2）参加者围成一个圆圈坐着，先选出1人做卧底。

（3）参加者，以卧底的位置为基准，从卧底开始算来的数字，就是自己的代号。每个当卧底的人都是1号，卧底的右边第一位是2号，依次为3号……

（4）游戏从卧底这里开始进行。如果卧底开始说1，2，其意思就是由第1个人传给第2个人的意思。

（5）2号在接到口令后，就要马上传给任何一个参加者。例如：2，5，2当时就是自己的代号，5则是自己想传达者的代号，此数字可以自由选择。

（6）如此一直进行比赛。

（7）如果自己的代号被叫到却没有回答的人，就要做卧底。

（8）卧底的代号从1开始，所以当卧底换人的时候，则所有人的代号都重新更改。

（三）绕口令

明确绕口令游戏的规则。要在规定的时间内将所给绕口令文字说完，中间不能停顿，如果在规定的时间内没有说完或说错，则要表演一个节目。

注意绕口令游戏的技巧：第一，在车上时，游客人数最少要在20人之内，人数太多，游客说答案会互相听不清楚；第二，说一些带有动作的词可以要求做一些动作；第三，绕口令不要过于繁杂或绕口，要有娱乐性。

在做游戏前，要先讲明规则：要求游客必须用普通话讲，前面一个人说完，后面的人要紧跟着讲，并且不允许停顿，导游也要参加，接不上的人，就要表演节目。

1. "青蛙陷阱"。

一只青蛙一张嘴，两只眼睛四条腿；两只青蛙两张嘴，四只眼睛八条腿……以此类推，每人一句，量词或数词说错了就要挨罚。

2. "柳树"。

第一位说：走一走、扭一扭、一棵柳树、搂一搂。第二位就得说：走两走、扭两扭、两棵柳树、搂两搂。数到十后再返回从一开始。游戏规则是谁讲错就罚谁表演节目。由于是临时发挥，许多人都可能绕不过来，有的人可能先说了搂几搂，有的人忘了数字接力。其他如让游客自己讲家乡效果也不错，前提是来自不同地方的散拼团。

（四）其他游戏类

在旅途过程中，除了以上3类游戏，还可做以下游戏：

1. "你做我猜"。

电视上有的节目，就是一个人比动作或用语言描述，另一个人来猜。可以猜车上的物品，可以猜景区，可以猜一种动作……导游当裁判，给获胜的一方颁奖——矿泉水一瓶或当地特色小零食均可。

2. "击鼓传花"。

可以用可乐瓶或导游旗代替手绢，导游在前面唱歌，歌一停，看是哪个拿到瓶子（或导游旗）的，然后表演节目，获得"国宝熊猫玩具""明信片"一类的奖品；扎气球猜灯谜、谜语，没有人回答时，只要点出活跃的人表演节目，奖品就归他（她）。

3. "车上跳舞"。

这里所说的跳舞只是坐在车上。你伸左手，客人就得伸右手，无论你做什么动作，如果有客人和你一样，就输了，就罚唱歌。

4. "明七暗七"。

明七就是7、17、27之类的，暗七就是7的倍数，有时玩的时候还把15也算上。这些都是不能说的数字，轮到了就得跳到下一个数字，15就用手做一个大月亮，如果说错了，就要罚他表演。

5. 句子组合。

导游问游客3个问题：第一个问题是：说出你最喜欢乘坐的交通工具。第二个问题是：说出你最喜欢的动物。第三个问题是：说出你最爱说的口头禅。

说了一圈后，导游说：接下来我们做一个连环游戏。大家记得自己刚才说的话吗？现在我们将自己刚才说的答案连成一句话。这句话的格式是这样的：我乘坐着……（最喜欢的那个交通工具），遇见了……（最爱的那个动物），我对他说：……我爱你。那个动物说：……（你的那个口头禅）

6. "词语组合"。

准备好纸和笔，发给游客3张纸条，第一张写上姓名，第二张写上地方，第三张写上最爱做的事情（地方和事情越夸张越好），分别放进3个袋子里，再让游客抽，形成新组合，会有很多意想不到的有趣事。这样做游戏很有趣，也能打发时间，也容易接受，如果有小礼品就更好了，技巧由导游自己掌握。

三、歌曲与诗词表演

导游人员为游客唱歌或引导游客表演歌曲主要是为活跃气氛，使旅途生活更为丰富；导游人员朗诵诗词可以增添旅途的情趣，也可以增加游客的知识。

（一）歌曲表演

唱歌是比较简单的一种表演节目方式。流行的、传统的都可以，改编的效果更好。导游为了活跃气氛，在旅途中可以自己表演歌曲，或者让游客唱歌。导游可以根据游客的年龄或性格改编流行或传统的歌曲，也可以和游客对歌或者分男女对歌。只要把游客逗乐，气氛自然就上来了。

注意演唱歌曲的技巧：第一，导游人员可以演唱本地歌曲，加深游客对本地的认识，如到三亚唱"请到天涯海角来"，到内蒙古唱"天堂"，到无锡唱"太湖美"等；第二，导游可以演唱游客家乡的歌曲，让游客在异国他乡听到既亲切又别有风味的歌曲；第三，根据不同的场景选唱不同的歌曲，引起游客的共鸣。

1. 下雨时。

下雨的时候，导游可以说：朋友们，今天真是天公不作美，但是我们虽然不能改变天气，但可以改变心情；正如虽然不能选择容貌，但可以选择表情；大家不能去预知明天，但各位必须用好今天！所以我们要用审美的眼光去看待这场雨，你就会发现，原来下雨也是一种凄凉的美，而且暴雨过后就是彩虹。那就让我们一起来一首《阳光总在风雨后》怎么样？

导游起头：阳光总在风雨后……

2. 离别时。

在旅游团即将离开本地，导游在送站的旅途中，可以唱孙悦的《一路平安》、周华健的《朋友》等。

（二）诗词朗诵

注意朗诵诗词的技巧：第一，导游人员应该把所朗诵的诗词背得滚瓜烂熟，并要掌握这些诗词的中心思想、写作背景、修辞手法；第二，朗诵诗词时在正确把握语音、语调的基础上，要特别注意富有情感；第三，导游人员还要注意朗诵的场合和氛围，一般要结合景点、景观和讲解的内容进行。

导游可结合具体的游览景观，准备诗词，或找准时机，朗诵诗词：

例如，在前往张掖的途中，看到远处的祁连山，可朗诵近现代学者罗家伦的《五云楼远眺》：

绿荫丛外麦毵毵，
竟见芦花水一湾。
不望祁连山顶雪，
错将张掖认江南。

在观赏丝绸之路落日美景时，可引用唐代诗人王维的诗句：
大漠孤烟直，
长河落日圆。
在鸣沙山月牙泉景区，可朗诵诗句《游鸣沙山月牙泉（七绝）》：
一登半退到峰巅，
碧水沙山艳质莲。
归晚星稀兴未尽，
上弦掉入月牙泉。
在介绍特产"夜光杯"时，可朗诵唐代诗人王翰的千古名篇《凉州词》：
葡萄美酒夜光杯，
欲饮琵琶马上催。
醉卧沙场君莫笑，
古来征战几人回？

项目六

游览中的其他服务

项目引言

地陪导游的工作内容，除了接团前的准备工作，接站服务，入住酒店服务，与全陪、领队核对商定日程，参观游览服务外，还包括餐饮服务、购物服务和文娱活动服务等。

用餐是反映一个地方特色、经济、服务质量的重要因素。游客来到游览胜地，除了观赏美丽的景点风光外，品尝当地风味也是旅游活动中必不可少的环节。尤其对于长途旅游而言，中转次数多、途中体力消耗大，因此提供及时、周到、体贴入微的餐饮服务就尤为重要。

购物是游客旅游过程中的一个重要组成部分。游客总是喜欢购买一些当地的名特产和旅游产品。地陪要把握好游客的购物心理，恰到好处地宣传、推销本地的旅游产品，既满足游客的意愿，也符合导游工作的要求。

娱乐活动是导游带团中的必要补充，通过组织娱乐活动，可以带动游客的参与性，提高游客互相认识的机会，进而增加旅游兴致。

任务导图

项目六 游览中的其他服务
- 任务一 餐饮服务
  - 餐前准备
  - 介绍餐饮
  - 引导用餐
  - 用餐服务
  - 签单结账
- 任务二 购物服务
  - 带领游客前往指定商店
  - 讲清购物须知
  - 真实客观地介绍商品
  - 尊重游客的选择
- 任务三 娱乐服务
  - 核实票据
  - 带领游客观看娱乐活动

在线题库

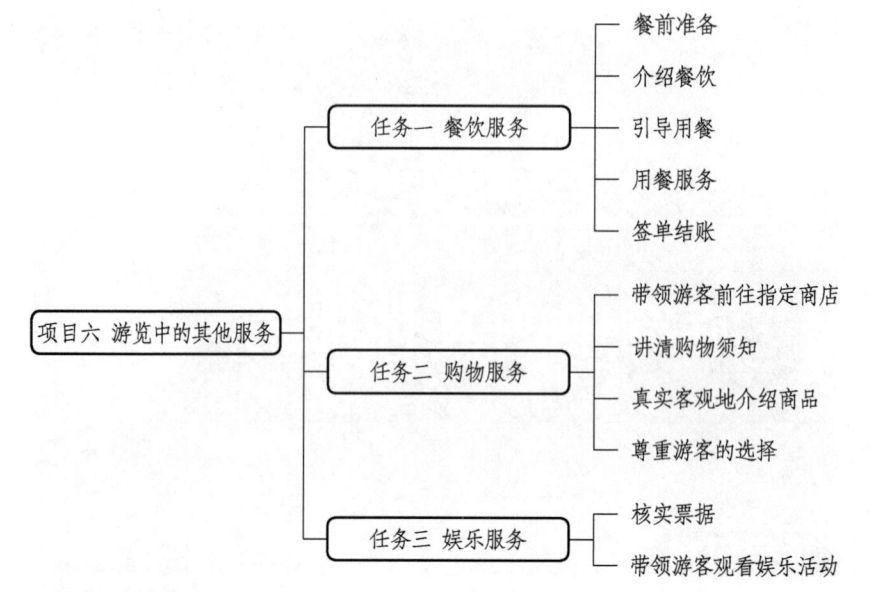

学习目标

知识目标：

1. 熟悉地陪导游餐饮、购物、娱乐服务环节的主要内容和要求。
2. 掌握地陪导游用餐服务、购物服务、文娱活动组织与服务等的流程。

能力目标：

1. 会根据旅游接待计划提前落实计划内食、购、娱服务。
2. 能为游客提供规范化食、购、娱服务。

项目情景

时间：6月21日—6月25日。

地点：旅行中。

人物：地陪小李、旅游团。

事件：按照旅游接待计划要求，由地陪小李带领游客在旅游目的地用餐、购物和观看娱乐活动等。

任务一　餐饮服务

【任务描述】

任务内容	成果形式	完成单位
按照旅游合同要求，2人一组模拟地陪导游在用餐地点提供餐饮服务的情景	现场展示	小组
针对游客用餐中提出的问题及要求，提供解决方案，进行现场模拟演练	现场展示 文本	小组

【知识储备】

旅游团队的一日三餐都由地陪陪同，地陪要及时告知游客饭店内用餐形式并带领旅游团餐。首次用餐结束，需向领队、全陪和游客说明以后的用餐时间、地点、标准，以及餐饮有关规定等。此外，地陪导游需要熟练掌握地方特色饮食文化，在客人用餐时能够对其原材料、制作方法、文化内涵等加以介绍，使客人既饱口福又饱耳福，并能在游客的要求下合理安排风味餐、自助餐等。

地陪导游如何进行餐饮服务

一、团队餐饮服务

团队餐的形式大致分为正餐、风味餐和宴会。

（一）对团队正餐的服务

餐前准备：正餐包括游览当天的午餐及晚餐。地陪导游须提前落实本团当天的用餐事宜，逐一核实并确认午、晚餐的用餐地点、用餐标准、特殊要求。

介绍餐食：引导游客进入餐厅，清点人数。向其介绍餐厅及菜品，说明餐标是否含酒水及其酒水的类别，告知游客餐食费用自理的范围。

引导用餐：引导游客到指定地点落座，用餐时，向领队讲清司陪人员的用餐地点及用餐后全团的出发时间。提醒游客按约定时间集合登车。

用餐服务：用餐过程中，地陪应巡视团队用餐情况1~2次，解答游客提出的问题，并监督、检查餐厅是否按标准提供服务并解决出现的问题。

结账签单：用餐后，地陪导游应严格按实际用餐人数、标准、饮用酒水等核算实际费用，与供餐单位结账。如该用餐地为本社合作供应商，在核算费用后，如实填写"餐饮费结算单"，完成餐后结账。

（二）导游对团队风味餐的服务

计划内风味餐是指包括在团队计划内的，其费用已含在团款中。计划外风味餐是指未包含在计划内的，游客需自费品尝。地陪要讲明订餐的标准，并协助游客同有关餐馆联系；风味餐订好后，若游客又不想去，地陪应劝说游客在约定的时间前往餐馆用餐，说明不去要赔偿餐馆损失。若游客邀请导游人员参加，导游人员注意不要反客为主，同时要向游客介绍风味名菜及其用餐程序，并与游客广泛交谈。

二、带领旅游团用餐

1. 地陪应与旅游团全体成员约定集中用餐的时间和地点。
2. 全体成员到齐后，亲自带领游客进入餐厅，向餐厅领座服务员询问本团的桌次，然后引领旅游团成员入座。
3. 待大家坐好后，应向游客介绍就餐的有关规定，如哪些饮料包括在费用之内，哪些不包括在内；若有超出规定的服务要求，费用由游客自理等，以免产生误会。
4. 地陪还应向餐厅说明团内有无素食游客，有无特殊要求或饮食忌讳。
5. 将领队介绍给餐厅经理或主管服务员，以便直接联系。
6. 等游客开始用餐，地陪方可离开并祝大家用餐愉快。但在用餐过程中，要巡视游客用餐情况一两次，征求游客的意见，解答游客提出的问题，监督、检查餐食质量标准并解决出现的问题。
7. 如果所带旅游团的第一餐安排在外宴请、品尝风味或用便餐，地陪必须提前通知餐厅用餐的大概时间、团名、国籍、人数、标准、要求等。

三、餐饮方面个别要求的处理

（一）特殊饮食要求

餐饮方面个别要求的处理

由于宗教信仰、民族习俗、生活习惯、身体状况等原因，来自不同国家、地区的游客会在饮食方面提出特殊要求。例如，不吃荤，不吃油腻、辛辣食品，不吃猪肉、羊肉或其他肉食，甚至不吃盐、糖，不吃面食等。

1. 协议书上规定的：不折不扣予以满足。

游客的特殊饮食要求若在旅游协议书上有明文规定，或在旅游团（者）抵达前提出，接待方答应了，那就应早做准备，落实具体事宜，不折不扣地满足个别游客的特殊饮食要求。

2. 抵达后提出的：积极协助解决。

旅游团抵达后有人提出特殊的饮食要求，需视情况而定，一般是由导游人员与有关餐馆联系，在可能的情况下尽量予以满足；确有困难时，地陪可协助其解决。例如，建议他到零点餐厅自己点菜，或带他到附近餐馆（最好是旅游定点餐馆）用餐或购买相应的糕点，但应事先说明费用自理。

（二）要求换餐

游客要求将中餐换成西餐、将便餐换成风味餐或更换用餐地点等，操作如下：

1. 如果是在用餐前 3 小时提出，地陪应与餐厅联系，尽量予以满足。
2. 如果是在接近用餐时提出，一般不应接受，但导游人员要做好解释工作。
3. 若游客仍然坚持换餐，导游人员可建议他（她）自己点菜，费用自理。
4. 游客要求加菜或酒水饮料等应满足，但费用自理。

（三）要求单独用餐

有的游客或不合群、不适应中餐、不适应中餐的用餐方式（不分餐）或与团友发生矛盾，提出单独用餐要求。

如有游客要求单独用餐，导游人员要问清原因。对前两种情况，要耐心解释，建议其随团用餐；对闹矛盾者，地陪要劝解或请领队劝解或调整桌次；游客坚持单独用餐，可让其自便，但要告知餐费自理，综合服务费不退。

（四）要求提供客房用餐服务

1. 若游客生病，导游人员或酒店服务人员应主动将饭菜端进客房以示关怀。
2. 如果健康的游客要求提供客房用餐服务，导游人员要与餐厅联系，若有此项服务，可满足其要求，但应告知服务费和产生的餐费差价由旅游者自理。

（五）要求自费品尝风味

游客要求自费品尝风味，导游人员要积极协助，尽量满足其要求。

1. 请旅行社预订。

地陪将游客的要求告诉旅行社的有关人员，请其报价（包括风味餐费、车费和服务费等），然后向游客讲清所需费用。若接受，请旅行社订餐，地陪按约定时间带旅游团前往风味餐厅。

2. 地陪协助游客订风味餐。

地陪协助游客订妥风味餐后，可让游客自行前往或带他们前往风味餐厅。不论哪种情况，地陪必须向游客讲明：风味餐订妥后应在约定时间前往就餐，如不去，需赔偿餐馆的损失（离用餐时间越近，交付的损失费就越多）。

（六）要求推迟晚餐时间

若游客提出这一要求是合理的，导游人员要与餐厅联系，尽量满足。但有的餐馆接待旅游团较多，分批供餐，若有旅游团要推迟用晚餐时间，安排可能有困难，地陪应向游客解释清楚。

（七）要求不随团用餐

游客要求不随团用餐，导游人员要问清原因，一般可满足其要求，但要讲明，在别处用餐的费用自理，原餐费不退。

> **微语录**
>
> 民以食为天。餐饮服务是整个旅游活动必不可少的一个环节。为了向游客提供标准化、个性化的导游服务,在用餐前,地陪导游需按照旅游接待计划,提前与用餐部门落实用餐前的各项事宜,尤其要留心游客用餐中的特殊要求。

【任务实践】

地陪导游小李在安排游客用餐时,既要保证游客的用餐,又要保证游客的行程。下面以带领游客食用牛肉面为例,介绍地陪导游需要做的准备工作。

一、餐前准备

1. 用餐之前,落实当天用餐时间、地点、人数、标准,逐一核实并确认,提前通知餐厅做好用餐服务。特别是在旅游旺季,在落实用餐后,离用餐前 1~2 小时还要再次电话确认,以避免没有餐位的情况出现。

2. 对于有特殊禁忌或患病在饮食方面有特殊要求的客人,应与餐厅及时协商,尽最大努力予以满足。

3. 还要特别提醒半餐和不含餐的儿童的人数。

4. 用餐前小李需要与餐厅确认以下信息:

用餐时间:6 月 22 日 19:00。

用餐地点:兰州 YF 牛肉面(滨河路)。

联系电话:0931-465×××× 。

地址:兰州市城关区南滨河中路××号黄河索道 YF 御阁 1 楼。

推荐理由:YF 牛肉面是兰州的网红牛肉面,位于黄河边上,好多来兰州玩的游客都去吃过。这里不仅能看到中山桥还能看到白塔山。

用餐人数:16 人。

用餐标准:30 元(尽量避免当游客的面与餐厅人员谈论餐标及结算事项)。

宗教信仰:没有反映出明显的宗教信仰要求。

特殊要求:1 儿童不吃辣。

请根据旅游接待计划安排,填写旅游团用餐相关信息(见表 6-1)。一般旅游团早餐在入住酒店,因此地陪导游的导餐服务主要关注正餐(即午餐和晚餐)即可。

表 6-1 旅游团用餐情况一览表

日期	时间	餐厅名称	用餐地点	联系电话	人数及餐标
月　日	午餐				
	晚餐				
月　日	午餐				
	晚餐				
月　日	午餐				
	晚餐				
月　日	午餐				
	晚餐				
月　日	午餐				
	晚餐				
月　日	午餐				
	晚餐				
备　注	有无特殊用餐要求等				

二、介绍餐饮

导游小李带游客参观完兰州市区景点后，带领旅游者前往用餐地用餐。

亲自带领游客进入餐厅，帮助他们找到用餐桌次，并适当介绍餐厅的设施设备、用餐服务、饭菜特色及酒水类别等。

上菜之前向游客先介绍兰州饮食文化和风味小吃。

兰州是古丝绸之路重镇之一，也是黄河流域唯一黄河穿城而过的省会城市，地处中国版图的几何中心，被誉为"陆都心脏"。二千多年的历史文化积淀，赋予了这座城市丰厚的黄河文化、丝路文化、民族文化底蕴。丰富多彩的地域文化特色孕育出独具特色的饮食文化。兰州美食丰富多样，如兰州牛肉面、酿皮子、浆水面等，都是地地道道的陇上风味，但要说最有名的得数兰州牛肉面了。兰州牛肉拉面享誉海内外，2010 年，被中国烹饪协会命名兰州市为"兰州拉面之乡"。除了牛肉面，羊肉也是兰州的一大特色美食。

兰州牛肉面是兰州历史悠久、经济实惠、独具特色的地方风味小吃，也是我国传统名食。兰州牛肉面始于清光绪年间，由回族老人马保子首创，在百年漫长岁月里，以一碗面而享誉全城，以肉烂汤鲜、面质精细而蜚声中外。其间凝聚着无数专营清汤牛肉面厨师的智慧与心血。清汤牛肉面因为味美可口，经济实惠，不仅在兰州比比皆是，而且在西北各省和全国许多地方也有了兰州牛肉面馆。兰州牛肉面讲究一清（汤清）、二白（萝卜白）、三红（辣子油红）、四绿（香菜蒜苗绿）、五黄（面条黄亮）等五大特点。面条根据粗细可分为大宽、宽、细、二细、毛细、韭叶子、荞麦棱等种类。面条用手工现场拉成，一碗面不到两分钟即可做好，再浇上调好的牛肉面汤、白萝卜片，调上红红的辣椒油，碧绿的蒜苗、香菜，食之令人叫绝。兰州牛肉面以"汤镜者清，肉烂者香，面细者精"的独特风味和"一清二白三红四绿五黄"的悦目色彩赢得了国内外顾客的好评，被中国烹饪协会评为三大中式快餐之一，而成为地地道道的"中华第一面"。

兰州餐饮除了牛肉面，还有很多特色小吃（见表 6-2）。如果在用餐中出现，可择机向游客做介绍。

表 6-2　兰州特色美食

特色美食	简介
酿皮子	酿皮子是西北地区流行的一道传统面食，有点像凉皮。兰州酿皮分两种：水洗（加筋）和高担（不加筋），调料有辣子油、芥末汁、蒜汁。酿皮子是当地人的首选凉菜，也是当地人最喜爱的下酒菜之一
灰豆子	灰豆是由豌豆和大枣文火慢煮出来的，当然其中的火候和配料并不简单。因为豌豆炖得很软，所以口感极好。灰豆是营养丰富的小吃，特别适合于冬天食用
甜醅子	甜醅子的制作原理和醪糟（南方叫酒酿）相似，但原料却是小麦。用酒曲将蒸过的莜麦（别名油麦、玉麦、铃铛麦，学名为"裸粒类型燕麦"或"裸燕麦"）发酵后，配以凉开水，加点糖，就有了可口的甜醅子。它保持了小麦的原样，却是既酸又甜还有点淡淡的酒味，是难以言表的美味
油果子	油果子是一道汉族传统面点小吃，属于油炸食品。每逢春节过年之际，几乎每家每户都会做油炸果子
馓子	馓子是一种用糯粉和面扭成环的油炸面食品。馓子是用面粉制成的，细如面条，呈环形栅状，古代称"寒具"，是寒食节食品。回族、东乡族也做馓子，配料、方法和汉族不太相同
浆水面	浆水面是陕西省汉中和甘肃省等地的汉族小吃，但做法有较大差异。汉中浆水面，相传是由汉高祖刘邦与丞相萧何在汉中所起，其味酸、辣、清香，别具一格，浆水菜的菜以芥菜（花辣菜）为佳。浆水面广泛流行于兰州、天水、定西、临夏等地，而以兰州的最为考究，天水的最为味美。它含有多种有益的酶，能清暑解热，增进食欲，为夏令佳品。三伏盛暑，食之，不仅能解除疲劳，恢复体力，而且对高血压、肠胃病和泌尿病也有一定的疗效
黄焖羊肉	黄焖羊肉是把羊肉与土豆、粉条、青红椒加秘制调料炖熟而成的。配菜里最讲究的是手擀粉，也是黄焖羊肉里的主食，和汤汁拌着吃最美味

请根据旅游计划用餐安排，整理用餐所在地的特色美食，并选择其中一种进行介绍。

特色美食

特色美食	简介
……	

三、引导用餐

分餐桌时，可以由游客自由搭配或者请领队和全陪来安排，要将夫妻及他们的孩子尽量安排在同一个餐桌；另外，每桌应男女搭配，避免一个餐桌上全是男士或者女士的情况出现，以防止一个桌上的饭菜不够吃而另一个桌上的吃不完。

向游客说明，此次用餐的标准，酒水自理。

协同餐厅服务人员给游客指示餐厅洗手间的位置。

四、用餐服务

用餐过程中，地陪导游小李照顾客人用餐。

提醒游客注意保管好自己随身携带的物品，不要把自己的物品挂在椅子的靠背上，尤其是门口和过道边上的游客。

餐厅服务人员忙不过来时，小李主动帮忙为客服务。虽是端茶、倒水、传菜的小事，只要做得真诚，游客就会看在眼里，记在心里，从而认可你的服务。

查看游客用餐情况，并监督、检查餐厅是否按标准提供服务；照顾游客的特殊饮食要求，如有要求应设法满足。

向领队、全陪告知自己和司机的用餐地点。

导游应较快吃饭，要在游客用餐完毕之前完成，不能让游客等待。

五、签单结账

用完餐后，小李严格按实际用餐人数、标准、饮用酒水数量，如实填写"餐饮费结算单"与餐厅结账。

提醒游客为自己的额外消费结账并向餐厅索要正规发票，让游客检查自己的随身物品。

主动征求游客意见，大家均表示满意（如需调整，在不超标的情况下，应该予以考虑）。

YH 国旅订餐签单

餐厅名称		导游		团号	
计调					
签单时间	_____年_____月_____日_____时				
金额（大写）	（　　）人×（　　）元=（　　）元				
费用总计			备注		

注：本签单按照我公司计调的确认执行。

【典型案例】

游客要求换餐，提前说明差价自理

小李带一个两日游的团到北京旅游，第一天中午用完餐后，客人提出晚餐要品尝北京烤鸭，于是小李及时给原订的餐厅打电话取消了预订，并在风味餐厅预订了晚餐。当客人到了餐厅后，小李告诉客人，品尝风味烤鸭的用餐标准比与协议上的用餐标准每人要高出20元，这时有些游客觉得贵不想再吃烤鸭了，要求退餐。小李非常着急，因为如果游客真的取消这顿餐的话，饭店会要求他们赔偿的。最后，小李费了半个多小时才说服了游客，勉强吃了这顿烤鸭。但是游客很不满，小李也感觉很是窝火，有点费力不讨好。

【分析】

在案例中，导游小李忽视了一个细节，在游客换餐前，没有和游客提前讲明餐费差价自理，结果出现了麻烦。在带团过程中，游客提出换餐时，导游一定要注意告诉游客，多出来的餐费自理。待游客同意后，再订餐，否则就会引起不必要的纠纷。

导游在带团过程中经常遇到游客提出换餐的要求，针对这种情况导游应该根据不同的情况做出不同的处理。但总的处理原则是：积极协助，差价自理。

1. 首先要看是否有充足的时间换餐。如果旅游团在用餐前3小时提出换餐的要求，地陪应尽量与餐厅联系，但需事先向游客讲清楚，如能换妥，差价由游客自负。

2. 如果是在接近用餐时间或到餐厅后提出换餐要求，应视情况而定。若该餐厅有该项服务，地陪应协助解决。如果情况复杂，餐厅又没有此项服务，一般不应接受此类要求，但应向游客做好解释工作。

3. 若游客仍坚持换餐，地陪可建议其到餐厅自己点菜或单独用餐，费用自理并告知原餐费不退。

【技能提升】

角色扮演：以小组为单位，分别扮演地陪导游和游客，进行一次餐饮服务流程实训，并模拟演练处理游客用餐中提出的问题。

语言表达：请根据旅游接待计划的餐饮安排，熟悉参观游览地的餐饮文化，并遴选1~2类特色餐饮进行详细介绍。

【知识检测】

◆ 单选题

1. 游客通常参加的宴请活动是（　　）。
A. 品尝风味餐　　　B. 中餐宴会　　　C. 冷餐会　　　D. 鸡尾酒会
2. 若游客自费预订了风味餐邀请地陪参加时，用餐中地陪应注意的问题是（　　）。
A. 不要举杯敬酒　　B. 不要反客为主　　C. 不要左顾右盼　　D. 不要随意进食

3. 在旅游过程中游客提出合理且能办到的要求，地陪应该（　　）。
   A. 征求领队的意见　　B. 请示接待社　　C. 视情况再考虑　　D. 尽力满足

◆ 多选题

1. 对于旅游团在餐馆用餐，地陪应事先在（　　）方面对计调部门联系的餐馆进行核实。
   A. 用餐地点　　B. 用餐时间　　C. 用餐酒水　　D. 用餐人数　　E. 用餐标准
2. 在游客进入店外餐馆落座后，地陪应向他们介绍该餐馆的（　　）。
   A. 主要设施　　B. 菜肴特色　　C. 酒水类别　　D. 服务标准　　E. 卫生间位置
3. 在游客进入酒店外餐馆就座后，地陪应告知领队和游客的事项有（　　）。
   A. 餐饮标准所含范围　　　　　B. 游客自费的项目
   C. 用餐中的注意事项　　　　　D. 全陪地陪用餐地点
   E. 用餐后的出发时间
4. 游客在酒店外餐馆用餐过程中，地陪要巡视游客用餐情况一两次，目的是（　　）。
   A. 检查餐馆设施是否完好到位　　B. 解答酒店用餐中提出的问题
   C. 检查菜肴品种是否多种多样　　D. 检查餐馆是否按标准提供服务
   E. 解决用餐中可能出现的问题
5. 游客在酒店外餐馆用餐结束后，地陪要向该餐馆填写的"餐饮费结算单"的主要项目有（　　）。
   A. 实际用餐人数　　B. 用餐标准　　C. 用餐类别
   D. 酒水数量　　　　E. 游客反映
6. 关于用餐时的导游服务，正确的描述有（　　）。
   A. 地陪应介绍餐厅情况
   B. 告知游客餐饮标准所含范围与自费项目
   C. 巡视用餐3～4次，解答游客在用餐中提出的问题
   D. 让有特殊饮食习惯的游客单独用餐
   E. 监督、检查餐厅是否按标准提供服务

任务二　购物服务

【任务描述】

任务内容	成果形式	完成单位
以小组为单位，模拟地陪导游为游客提供购物服务的情景	现场展示	小组
按照接团计划要求，落实购物环节的各项事宜，完成本节课"任务实践"中相关内容	文本	个人

【知识储备】

旅游购物是人们旅游目的之一，提供丰富的旅游购物资源，有利于满足游客的购物体验需求。因而，旅游商品和纪念品的开发、生产和销售已成为发展旅游业的重要组成部分，各国、各地对此都非常重视，并将其视作争夺游客的魅力因素和增加旅游收入的重要手段。旅游购物的一个重要特点就是随机性较大。为了使购物活动圆满，地陪在带领旅游团购物时要做到以下要求：

地陪导游购物服务的原则

一、严格按照旅行社的规定提供导游服务

地陪导游应严格按照《中华人民共和国旅游法》中的相关规定操作，根据接待计划规定的购物次数、购物场所和停留时间带领游客购物，不擅自增加购物次数和延长停留时间，更不得强迫游客购物。地陪应向全团讲清购物停留时间和有关注意事项，坚持"需要购物，愿意购物"的原则。对于不愿意参加购物活动的游客，地陪要妥善安排，建议其就近参观其他景点，或在休息点休息等候。

二、了解对象，因势利导

当好游客的购物顾问。根据旅游团的特点，热情介绍商品的特色，包括商品的产地、质量、使用价值和艺术价值等商品知识；同时做好商品的促销。

三、积极维护游客的利益

若遇到商家有不法行为时，应站在游客一边，维护其正当的消费权益。如遇小贩强卖，地陪有责任提醒游客不要上当受骗，切不可放任不管；如遇到商品不按质论价、推销伪劣商品、不提供标准服务，地陪应向商店负责人反映，采取措施，以维护游客利益。事后也可向旅行社报告，通过旅行社的交涉，避免以后出现类似问题。

四、对游客要求托运的商品要予以必要协助

地陪导游须认真介绍有关商品的托运种类，及海关对游客携带物品出境的有关规定。

（一）要求协助托运物品

游客欲购大件商品，要求导游人员帮其托运。导游人员可以告诉游客，出售大件商品的商场一般都代办托运业务，购物后就能当场办理托运手续；若商场无此业务，导游人员就要协助游客办理托运手续。

（二）要求代为购买、托运商品

游客欲购某一物品，但当时无货，要求导游人员帮助购买并托运，导游人员应予以

正确处理。

1. 婉言拒绝。

游客要求导游人员代为购买物品，尤其是贵重物品时，导游人员应婉言拒，建议他亲自来挑选、购买。

2. 请示领导。

即使游客一再坚持，导游人员也不能答应，而要请示旅行社领导，经批准后方可接受委托。

3. 手续要完备。

请委托人写下委托书并留下足够购物、托运物品的款项或订金以及详细的通信地址，导游人员向领导汇报并出示委托书和钱款。

购物、托运后，导游人员要复印购物发票、托运单和托运费收据，请领导审查后，将原件和余款寄给委托人，并保存好相关复印件。

五、游客在购物方面提出的个别要求的处理

（一）要求增加购物时间或单独外出购物

1. 要求增加购物次数和时间。

旅游团在一地的购物次数和时间在接待计划中有明确规定，地陪须遵照执行。如果游客希望购买更多的纪念品，要求增加购物次数和时间，地陪要与领队或全陪（国内团）及游客商量，征得他们的同意后尽量满足游客的要求，如利用晚上自由活动的时间安排游客去商场购物。

2. 要求单独外出购物。

游客要求单独外出购物，地陪要予以协助并当好参谋，了解购买何物，然后建议游客去哪家商场，或提供多家商场并介绍其各自的特色，以供游客选择。为游客安排出租车并写便条（写明商场名称、地址、酒店名称等）让其带上，提醒他们不要太晚回来，注意安全。

旅游团离开的当天，应劝阻游客外出购物。

（二）要求购买古玩和仿古艺术品

游客要求购买古玩和仿古艺术品，导游人员应予以重视并向他们讲清有关规定。

1. 劝阻游客去地摊购物。

地陪在酒店或旅游车上要向游客讲明：若希望购买古玩和仿古艺术品，应去正式的商场或文物商店，不要去地摊购买，以免上当受骗。

2. 建议保存发票和火漆印。

游客在商店购买了古玩和仿古艺术品，导游人员要建议他们保存好发票；物品上若有火漆印，可祝贺他买到了真正的文物，但要告诉他在离境之前不要去掉火漆印。因为对古玩和仿古艺术品出境，中国海关有明确规定：凭文物外销发货票和中国文化行政管理部门钤盖的鉴定标志（火漆印）放行，若无，就会遇到麻烦。

3. 提醒去文物部门鉴定。

如有游客告诉导游人员朋友赠送或帮他在民间购得古玩或古字画或已逝现代大画家、大书法家的作品，导游人员一定要提醒他去文物部门对物品进行鉴定并取得鉴定证书。还应明确告诉他们，上述物品中国海关凭鉴定证书和许可出口证明放行，若无证明，一概不准出境。如果游客不听导游人员的建议、不去文物部门鉴定，导游人员必须及时报告有关部门。

4. 阻止文物走私。

导游人员若发现个别游客有走私文物的可疑行为，必须及时报告有关部门。

（三）要求再去商店购买相中的商品

游客曾在商店相中一件物品，但因某种原因当时没有买，后又决定购买，要求导游人员帮助，只要时间许可，导游人员应帮助安排出租车，写一便条（写购物地点、商品名称、请售货人员协助之类的内容）。导游人员若有空，也可陪同前往。

（四）要求退换商品

游客提出退换已购商品的要求，导游人员的正确做法如下：

1. 积极协助退换。

游客在旅行社的合同商店购物后发现是残次品、计价有误或对物品的颜色、式样等不满意，要求导游人员帮助退换，导游人员绝不能以"商品售出，概不退换"之类的话搪塞、推托，也不得以其他借口拒绝退换，而应积极协助，以维护商业信誉。

2. 建议鉴定真伪。

游客以"假货"为理由要求退货时，导游人员可建议鉴定商品真伪。若鉴定证明是假，商店承担一切责任；若鉴定是真，费用则由游客支付。当然，即使确定是真品后，游客仍坚持退换，导游人员应协助其退换。

但是，不是所有的商品都是可以退换的，例如，穿用过的鞋类、弄脏了的衣物就不能退换。对此，游客应该自律，而导游人员则要讲清道理。

微语录

良好的服务是游客购物愿望得到满足和实现的前提。因此，地陪导游在具体工作中一定要热情周到，维护游客的利益。此外，严格执行旅游接待计划，不擅自增加购物次数或延长停留时间，不得强迫游客购物。

【任务实践】

在购物服务环节，地陪导游须向游客讲清购物须知，真实客观地介绍商品，并尊重游客的选择。

一、讲清购物须知

地陪导游小李须在旅游大巴车上事先向游客介绍敦煌当地商品的特色以及购买商品时应注意的事项，让大家事先有所准备。

提醒大家不要盲目购物，不要在小摊小贩处购物。下车前，小李应讲清停车地点和停留时间。

二、真实客观地介绍商品

熟悉购物商店的商品，并能客观真实地向游客介绍。例如，本次旅游团要求地陪导游带领他们前往敦煌购买名优特产，地陪导游需了解以下商品的情况。

敦煌是甘肃省最大的棉花生产基地和瓜果之乡，素有"瓜州"之称，盛产各种香甜味美的瓜果。敦煌特产主要有手工地毯、彩塑、工艺骆驼、夜光杯、水晶石眼镜、工艺字画、蜡染、敦煌罗布麻茶叶和纺织品等（见表6-3），其中，以甜美的瓜果、敦煌罗布麻茶和夜光杯最为有名。

表6-3 敦煌名优特产

名优特产		简介
药材	锁阳	敦煌特有的珍稀药物，又名不老药，素有"沙漠人参"之美称，生长在冰天雪地的沙漠戈壁，生长之处不封冻，方圆一米雪落即融，神奇而神秘。《本草纲目》记：锁阳性温，补肾、益精心、强阴兴阳，润燥养精，治痿弱。现代医学研究表明：锁阳能补肾、益精、润燥，主治阳痿遗精、腰膝酸软、肠燥便秘，对人体的免疫功能、肠功能、心脏功能、性功能都具有良好的增强和促进作用
	罗布麻	罗布麻有清火、降压、强心、利尿、治心脏病等作用。因6—8月敦煌天气达到炎热高峰，植物蒸腾作用最强，此时长出的小红花罗布麻嫩叶，药效成分全部上行至枝顶嫩叶，药用价值高。敦煌罗布麻纤维加工成的罗布麻纺织品抗菌防臭耐用
工艺品	工艺骆驼	骆驼是古丝绸之路上主要的运输工具，也是大漠中特有的动物之一，它耐高温、耐严寒、耐饥渴，性格乖巧，人们常用它驮物跋涉于戈壁沙漠中，有"沙漠之舟"之称。敦煌民间的手工艺者，曾以棉为胎、外裹特制绒布制成的骆驼造型作为中国艺术节的吉祥物展出。工艺品骆驼姿态各异，有大有小，有站有卧。站者昂首阔步，傲视大漠；卧者双腿跪地，待发征途。毛色以驼色为主，黄、白、棕、褐，富有变化
	敦煌夜光杯	敦煌夜光杯又名阳关玉杯，它以祁连山所产优质墨玉、黄玉和碧玉为原料，经过24道工序精雕细刻而成。之所以称为夜光杯，是因为在黑暗的环境下它会发出淡淡的光，是很名贵的饮酒器皿。据西汉东方朔《海内十洲记》载："周穆王姬满应西王母之邀赴瑶池盛会，席间，西王母馈赠姬满一只波光粼粼的酒杯，名曰夜光常满杯。"周穆王如获至宝，爱不释手，从此夜光杯名扬千古。夜光杯质地光洁，色泽斑斓，宛如翡翠，倒入美酒，酒色晶莹澄碧。尤其皓月映射，清澈的玉液透过薄如蛋壳的杯壁熠熠发光。王瀚有诗"葡萄美酒夜光杯，欲饮琵琶马上催"。诗以杯出名，杯因诗增辉

续表

名优特产		简介
特色鲜果	鸣沙大枣	鸣山大枣因生长在鸣沙山下而得名，色若玛瑙，形若棒状，皮薄肉厚，吃起来脆生生、甜津津，别有风味，有益健康。民间传说，鸣沙大枣原名敦煌大枣，为西王母从西天瑶池引进。鸣山大枣以个大味甘、营养丰富著称，成熟后外表光亮，红中透黑，宛若红宝石。它含有丰富的微量元素，药用价值极高，是补血、益气、养肾、安神之佳品
	李广杏	李广杏可称敦煌水果之王，每年六月底七月初是李广杏的收获季节。李广杏因其光泽黄亮、汁甜如蜜而享有盛名。当年曾为李广解危救困的甜杏，随着李广大军传入敦煌，所以被称作李广杏
	杏皮水	到敦煌旅游，无论是当地人还是网络的攻略上，都有一定要喝"杏皮水"的建议。杏皮水是敦煌市市级非物质文化遗产代表性项目，用当地特产李广杏杏皮加冰糖煮水而成，酸甜可口。夏日，冰镇的杏皮水会带来清爽的口感；到了冬天，热的杏皮水又给大漠气候增添了些许温情
	敦煌瓜	古时敦煌一带盛产美瓜，故有"瓜州"之称，史书记载："敦煌古瓜州，出美瓜。狐入其中，不露首尾。"敦煌瓜水分足，含糖量极高，是消暑解渴的佳品。敦煌瓜品种较多，主要有炮弹瓜、尝蜜红、克克齐、黄河蜜、金皇后、香瓜、白兰瓜等，其中以新品种的黄河蜜为最
	消冰香水梨	隆冬季节来到敦煌，就会看到一种冰冻如石、黑褐晶亮的水果。将它浸入凉水之中，约一刻钟后，果品表面蜕出一层薄薄的冰壳，剥去冰壳，去皮吮食，酸甜适宜，余香沁人心脾。这就是敦煌特有的消冰香水梨。香水梨味道酸甜相间，一般要采摘回来放到冬天，经过冬季的自然冷藏变黑，食用时融化后剥皮食用，此时梨子已经变得酥软多汁，味道最佳

请根据旅游计划安排，整理旅游目的地的名优特产，并选择其中一种进行介绍。

（旅游目的地城市）名优特产

名优特产	简介
……	

三、尊重游客的选择

游客在购物中心看中一件雕漆工艺品而举棋不定时，请导游小李参谋是否购买。作为地陪导游，小李要尊重游客的选择，不要直接替游客决定购买或不购买，而应该在介绍完产品特色后，将决定权交给游客。这也能培养和考验导游的职业道德。如果游客最终决定购买该物品，导游要提醒游客保管好购买发票。

【典型案例】

传授购物知识，赢得游客信任

昆明导游小张带了一个考察团，一路上小张尽心为游客服务。她带了一只很美的玉镯，晶莹剔透，衬托着她雪白的手腕。当她拿起话筒的时候所有的游客都会注意这只手镯。她一路的讲解都非常好，游客对她越来越信任，最后终于有一位女客人忍不住，问她这只镯子多少钱、是在哪买的。于是她顺势开始讲玉石的挑选知识，头头是道，讲得游客频频点头。她还从领子里拿出一个玉挂件，拿出来与镯子的玉质相比较，显得玉挂件没那么好。她就借此给客人讲解玉器的鉴赏，从玉质讲到雕刻工艺，让全体游客大长了一番见识。当然，游客知道她戴玉镯和挂件都是有意的，但讲得确实好，内容又正确又丰富，不是在骗人。游客根据她讲的知识就可以买到较好的货色，所以也很有兴致。游客听了她的讲解一个个都跃跃欲试，打算到玉器店去一试身手。但在去石林的路上她一路没让停车，游客看到别的团停车买玉，也要求停，她说我们还是先完成我们的景点游览再回来吧。这下把游客憋坏了，回程的时候一开车就大声叫道："等会儿千万别忘了停车呀。"最后，这个团有不少人买了价值不菲的挂件和玉镯，回去后拿去鉴定都是真品，而且价格也相当合算。游客表示，以后再去昆明还找这位导游带领亲戚朋友去买玉器。

【分析】

在案例中，导游小张通过专题讲解，使游客了解了选购玉器的知识，增长了见识，而且也买到了称心如意的商品，满足了游客的购物需求，也为整个旅游行程画上了圆满的句号。

游客往往对旅游目的地的情况缺乏了解，尤其是在购物中，对当地的特产、可值得购买的物品到底是什么，常常知之甚少，如果没有导游人员的协助，游客的购物活动往往比较盲目。导游人员在旅游购物活动中的作用是非常明显的。

旅途中常常会坐很久的车，导游可以利用这段时间给游客开一个专题讲座，讲当地的特产知识。这样做既能丰富旅游生活，还能让游客学到很多知识。当然，这必须建立在导游知识丰富的基础上，一要能讲一两个小时，二要能讲一些游客不知道的东西。这就对导游水平提出了更高的要求。导游购物知识的讲解，能为后来的购物打下基础，也能赢得游客的信任。

【技能提升】

情景模拟：以小组为单位，分别扮演地陪导游、旅游商店销售人员以及游客，模拟演练游客购物时，导游提供购物服务的情景。

【知识检测】

◆ 判断题

1. 如果境外游客打算购买古玩和中草(成)药,地方导游应告知我国海关的有关规定。(   )
2. 购物是游客的一项重要活动,导游不得私自收取商家给予的购物"回扣"。(   )

◆ 单选题

1. 作为旅游产品的购买者和消费者,游客有权(   )。
   A. 制定旅游路线   B. 调整旅游价格   C. 审核活动计划   D. 更新旅游产品
2. 如果游客购买的物品较多要求帮助托运,此时地陪应(   )。
   A. 予以婉拒   B. 予以协助   C. 予以回绝   D. 予以推脱
3. 旅游团在景点游览期间若遇小贩强拉强卖的情况,地陪应该(   )。
   A. 严肃批评小贩的行为   B. 立即报告景点管理人员
   C. 立即报告城管人员   D. 提醒游客不要上当受骗

◆ 多选题

1. 在购物服务中,地陪要严格按照接待计划规定的(   )带领游客购物。
   A 购物次数   B. 购物范围   C. 购物场所   D. 商品品种   E. 停留时间
2. 为维护游客的利益,地陪应将个别商店的(   )行为报告旅行社。
   A. 不按质论价   B. 不明码标价   C. 以次充好
   D. 销售伪劣商品   E. 不提供标准服务
3. 地陪带领游客购物时应做好的工作有(   )。
   A. 介绍本地商品的特色   B. 介绍本地商品的生产地
   C. 讲清在购物场所停留时间   D. 讲清购物有关注意事项
   E. 进行必要的促销工作
4. 入境游客因购物较多,向地陪提出帮助其托运,此时地陪应该(   )。
   A. 请示旅行社领导   B. 告知办理托运的手续
   C. 告知海关对携带出境物品的规定 D. 请游客自行办理
   E. 给予必要的协助

任务三 娱乐服务

【任务描述】

任务内容	成果形式	完成单位
以小组为单位,模拟地陪导游为游客提供文娱活动服务的情景	现场展示	小组
按照接团计划要求,落实组织安排文娱活动各项事宜,完成本节课"任务实践"中相关内容	文本	个人

【知识储备】

旅游团观看文娱演出，也有两种情况：计划内和计划外。

一、计划内的文娱活动

计划内的文娱活动在旅游合同中有明确规定，地陪导游应按照接待计划，予以安排。在观看前，地陪导游须向游客简单介绍节目内容及特点，并陪同准时前往。此外，地陪导游须与司机商定好出发的时间和停车的位置；在观看场所，引导游客入座，解答游客的问题，要自始至终和游客在一起。演出结束后，要提醒游客带好随身物品，并带领游客依次退场。在大型的娱乐场所，地陪应主动和领队、全陪配合，注意本团游客的动向和周围的环境，了解安全出口的位置，并提醒游客不要分散活动。

当旅行社已安排好观赏文娱节目后，如果部分游客要求观看另一演出，若时间允许且有可能调换时，可请旅行社调换；如无法安排，导游人员要耐心解释，并明确告知票已订好，不能退换，请游客谅解；部分游客若坚持要求观看别的演出，导游人员可予以协助，但费用自理。

二、计划外的娱乐活动

游客提出自费观看文娱演出或参加某种娱乐活动，导游人员在保证可以安排落实的前提下，一般应予以协助，如帮助购买门票、打出租车等，通常不陪同前往。如果游客要求去大型娱乐场所或情况复杂的场所，导游人员须提醒游客注意安全，必要时应陪同前往。

三、要求前往不健康的娱乐场所

游客要求去不健康的娱乐场所时，导游人员应断然拒绝并介绍中国的传统和道德观念，严肃指出不健康的娱乐活动和不正常的夜生活在中国是禁止的，是违法行为。

地陪导游娱乐服务

> **微语录**
>
> 在旅游活动中，地陪导游要根据旅行接待计划安排文娱表演节目。途中，适时组织娱乐活动有利于活跃气氛，增进游客之间，游客与导游之间的互动与情感交流。因而，地陪导游要做好文娱活动的组织与服务。

【任务实践】

一、核对在线门票预订

如果是旅游行程中包含的演出,且计调已经预订好演出门票,地陪导游则需要再次核票,确认演出时间、场次、门票数量等。电话询问演出中心工作人员,确认是否需要现场取票,还是游客凭身份证直接进出;若旅游计划中包含演出,但计调人员没有订票,需要导游订票,则需联系演出中心销售人员提前订票。

如果旅游行程中不包含演出项目,作为推荐类自费项目,地陪导游需要向游客讲清楚节目演出的时间和费用,若演出地点较远,核算出超公里数和费用,可以租用旅行社的车,也可以另外预订车辆,但要告知客人费用自理。不论乘坐旅行社车辆还是租车,游客均要书面签署同意并签字留存资料(见自费观看演出说明示例)。

自费观看演出说明

本人:×××,于20××年 月 日参加 LS 国际旅行社有限责任公司天水当地一日游,行程包含麦积山、伏羲庙、南宅子。在行程游览结束后因时间充裕,在导游×××的推荐下观看当地特色室内情景剧"千古秀",在此期间产生的所有费用本人自费承担,游览中如有其他事项均与旅行社和导游无关。

特此声明!

游客:×××
20××年 月 日

二、带领游客观看文娱演出

核实并购买好演出门票,地陪导游需陪同游客准时前往演出地,在观看场所,引导游客入座,解答游客的问题,要自始至终和游客在一起。演出结束后,要提醒游客带好随身物品,并带领游客依次退场。

三、演出项目知识储备

在本次旅游行程中,第四天要观看当地特色表演,推荐《丝路花雨》《敦煌盛典》《又见敦煌》(费用自理,3选1),地陪导游需提前做好以下工作。

1. 简要介绍特色演出节目内容。

《丝路花雨》_____

_____

_____

《敦煌盛典》_____

_____

_____

《又见敦煌》_____

_____

_____

2. 了解节目演出的时间和票价以及其他注意事项。

《丝路花雨》_____

_____

_____

《敦煌盛典》_____

_____

_____

《又见敦煌》_____

_____

_____

【典型案例】

观看演出意见不一致，该怎么办？

小邢带团到九寨沟旅游，根据旅游行程安排，在九寨沟的第一天晚上观看藏族风情文艺演出。当天行程结束后，地陪已经拿到了演出票，但这时几个客人提出要看另外一场羌族风情的演出。两场演出同时开始，而且不在一个方向。小邢赶紧联系，退掉了这几个客人的藏族风情演出票，及时协助购票并安排客人乘出租车前去看演出，自己则跟"大部队"一起观看演出。游客们对小邢的服务都很满意。

【分析】

在地接社按计划已注明的文娱节目安排好之后，游客又要求更换或团中部分游客要求观看其他演出时，地陪的处理方法是：

1. 如全团游客提出更换，地陪应与地接社计调部门联系，尽可能调换，但不要在未联系妥之前许诺；如地接社无法调换，地陪要向游客耐心做好解释工作，并说明票已经订好，不能退换，请其谅解。

2. 如团中部分游客要求观看别的演出，可以协助解决，联系购票，但费用由游客自理，原票款不退。

3. 若已决定分路观看演出，在交通方面地陪应尽量设法提供方便。如果两部分人所去的地方在同一线路上，导游人员应与司机商量，尽量用一辆车接送；若不同路，可为少数人安排车辆，但车费自理。导游应该陪同观看计划内演出的游客。

在案例中，导游小邢正是按照这个原则工作，赢得游客好评的。

【技能提升】

情景模拟：以小组为单位，分别扮演地陪导游和游客，就计划外文娱活动进行模拟演练。

【知识检测】

◆ 判断题

在大型娱乐场所，地陪要提醒游客不要走散，随时注意游客的动向与周围的环境，了解出口位置，以便发生意外情况能及时组织游客撤离。（　　）

◆ 单选题

在当地旅游期间，如果游客提出自费观赏或参加某项文娱活动的要求，地陪一般应（　　）。

A. 予以婉拒　　　B. 积极推荐　　　C. 予以协助　　　D. 设法回避

◆ 多选题

1. 在带领游客观看计划内的文艺演出时，地陪应做的工作有（　　）。

A. 简要介绍节目内容　　　　B. 带领游客入场就座
C. 介绍有关演出设施与位置　D. 解答游客提出的问题
E. 劝阻游客中途退场

2. 对游客提出观看计划外的某一文娱节目，地陪在给予必要协助的同时应告知他们（　　）。

A. 演出的时间　　　B. 演出的地点　　　C. 演出的人员
D. 演出的背景　　　E. 演出的票价

3. 在带领游客到大型娱乐场所游玩时，地陪应做的工作有（　　）。

A. 提醒游客不要走散　　　B. 随时注意游客的动向
C. 随时观察周围的环境　　D. 了解不同娱乐的特点
E. 了解该娱乐场所出口位置

【项目评价】

表 6-4 自我评价

序号	任务	评价等级			
		A	B	C	D
1	我已掌握餐饮服务相关知识与流程				
2	我已掌握购物服务相关知识与技能				
3	我已掌握娱乐服务相关知识与技能				

（评价等级：A 为优秀；B 为良好；C 为一般；D 为有待进步）

表 6-5 综合评价

评价要素	评价标准	自我评价	小组评价
学习态度	按时出勤、无迟到早退现象； 积极主动学习，有进取心； 学习目标明确，按时完成学习任务； 学习兴趣浓厚，求知欲强，养成自主学习的能力		
语言表达	能围绕主题，突出中心，语言得体； 表达有条理，语气、语调适当； 发音准确，吐字清晰，用词贴切，表情恰当，富有感染力		
应变能力	敢于提出问题，发表个人意见，提高口头表达和应变能力		
合作意识	能与同学共同学习，共享学习资源，互相促进，共同进步； 积极参与讨论与探究，乐意帮助同学； 在小组学习中主动承担任务		
探究意识	积极思考问题，提出解决问题的方法，有创新意识； 勤于积累，善于探索，思维活跃，反应灵敏		
情感态度	努力发展自己的潜能，能认识自我的优缺点； 遵守国家信息使用安全规范，明辨善恶		
信息化能力	会使用搜索引擎查找资料； 能够从搜索信息中筛选所需信息并分析归纳整理； 会使用办公软件处理文档，利用社交媒体进行交流学习		
综合评价	自我评价等级： 签名： 年 月 日	小组评价等级：	签名： 年 月 日
教师评价	激励性评语： 签名： 年 月 日		

（评价等级：A 为优秀；B 为良好；C 为一般；D 为有待进步）

【知识拓展】

导游带团常见问题和各类应急事件处理

作为旅游接待活动的一线工作人员，导游人员应了解旅游活动中可能发生的各类问题与事故，掌握应急事件的预防与处理办法。在旅游活动中，遇到常见问题和各类应急事件，导游应保持镇静，认真对待，及时处理，将事故带来的损失与影响降到最小。

一、常见问题与事故处理

（一）漏接

漏接是指旅游团抵达机场、车站、码头时没有导游人员迎接的现象。

1. 造成漏接的原因。

（1）主观原因。

导游迟到，没有按预订的时间提前抵达接站地点；

由于导游自身工作不够细致，没有认真阅读接待计划，把旅游团（者）抵达的日期、时间、地点搞错了；

交通工具的班次因故变更，旅游团提前到达，接待社有关部门在接到上一站通知后，在接待计划中注明，但导游没有认真阅读，仍按原计划接站；

导游没有查对新的航班时刻表，特别是新、旧时刻表交替时，仍按旧时刻表的时间接站，因而造成漏接事故；

导游举牌接站的地方选择不当。

（2）客观原因。

由于交通运输部门的原因，原定航班、车次变更导致旅游团提前到达，但本地地接社未接到上一站接待社的通知；

上一站接待社将旅游团原定班次或车次变更而提前抵达，但漏发变更通知，造成漏接；

接待社已接到变更通知，但没有及时通知该团地陪，造成漏接；

司机迟到，未能按时到达接站地点，造成漏接；

由于交通堵塞或其他预料不到的情况发生，未能及时抵达机场（车站），造成漏接；

由于国际航班提前抵达或游客在境外中转站乘其他航班而造成漏接。

2. 漏接的预防。

为防止漏接事件的发生，地陪导游应该做到以下几点：

（1）认真阅读接待计划。地陪导游接到派团通知单后，应对旅游团抵达的日期、时间和接站地点等亲自核实清楚。

（2）核实交通工具到达的准确时间。旅游团抵达的当天，地陪导游应与旅行社接待部联系，确认游客乘坐的车次是否有变更，同时与机场、车站、码头等交通运输部门联系，核实游客所乘交通工具的具体抵达时间。

（3）提前半小时到达接站地点，等候团队的到来。地陪导游与司机提前沟通，商定好接团的出发时间，确保按要求提前 30 分钟抵达接站地点。

3. 漏接的处理办法。

（1）责任性漏接处理办法。

导游主观原因所造成的责任性漏接，地陪导游应实事求是地向旅游团说明真相，诚恳地赔礼道歉、采取弥补措施，加倍做好导游服务工作，以取得游客的谅解。

（2）非责任性漏接。

对于客观原因造成的非责任性漏接，导游应立即向接待社报告，查明原因；向游客进行耐心细致的解释说明，向旅游团表示歉意，以免造成误解；尽量采取弥补措施努力完成计划，使游客的损失减少到最低程度；必要时可请旅行社领导出面赔礼道歉或酌情给游客一定的物质补偿。

（二）错接

错接是指导游人员接了不应该由他接的旅游团（者）的现象。错接是责任事故，是导游人员责任心不强、粗心大意造成的。

1. 错接的预防。

导游人员应按照规定提前到达约定的接站地点迎接旅游团。接团时认真核实该团组团社的名称，旅游团团号，人数，领队、地陪的姓名，下榻酒店等。

2. 错接的处理办法。

如果错接发生在同一家旅行社接待的两个旅行团时，经旅行社同意，地陪可不再交换旅游团，但全陪应交换旅游团，并向游客致歉。

如果错接的是另一家旅行社的团时，地陪和全陪应立即向旅行社汇报，设法尽快交换旅游团，并向游客说明情况并致歉。

（三）误机（车、船）

误机（车、船）是指由于某种原因或旅行社工作失误造成旅行团没有按原定班次离开本地区而导致暂时性的滞留，属于重大事故。

1. 误机（车、船）的原因。

（1）主观原因。

由于旅游行程安排不当，或出发前安排游客去花费时间较长的景点参观，或安排自由活动等，游客无法按时抵达机场、车站、码头。

由于导游未认真核实交通票据，记错离站时间或乘坐交通工具的地点。

旅游团所乘交通工具班次已变更，但旅行社未及时通知导游。

由于主观原因造成的误机（车、船）属于责任性事故。

（2）客观原因。

由于旅游者自身原因或前往机场、车站、码头途中遭遇交通事故、堵车、旅游车故障等造成误机（车、船），此类事故为非责任性事故。

2. 误机（车、船）事故的处理。

无论何种原因造成误机（车、船）事故，导游人员应尽快与机场（车站、码头）联系，争取让游客乘最近班次的交通工具离开本站，或采取包机（车厢、船）或改乘其他交通工具前往下一站。

立即向旅行社领导及有关部门报告，并按领导指示做好事故补救工作，如重新订机（车、船）票，安排全团滞留期间的食宿及游览事宜。

及时通知下一站，对日程做相应的调整。

向旅游团（者）赔礼道歉，稳定旅游团（者）的情绪，安排好在当地滞留期间的食宿、游览等事宜。

写出事故报告，查清事故的原因和责任。

3. 误机（车、船）的预防。

地陪和全陪应提前做好离站交通票据的落实工作，核对并确认日期、班次、时间、目的地等。带团期间要随时与旅行社联系，询问班次有无变化。

临行前，不安排旅游团到范围广、地域复杂的景点参观游览，不安排团队到热闹的地方购物或自由活动。

安排充裕的时间去机场，保证游客按规定时间到达离站地点，按时登机离开本站。

（四）遗失证件、行李、钱物

游客的证件、行李、钱物遗失是一种较常见的旅游事故。一方面，造成遗失事故的原因有时是游客自己疏忽大意，致使物品遗失或被窃；另一方面，是旅游接待过程中相关部门工作失误造成的。对游客来说，物品（证件）的遗失不仅会带来经济损失，也会带来不良的情绪和体验，严重时甚至耽误游客离境。因此导游应重视此类事故。

1. 证件、行李、钱物遗失预防。

时刻做好提醒工作。参观游览时，导游要经常提醒游客保管好个人随身物品；在购物时或在拥挤场所，提醒游客保管好钱包、贵重物品和证件；游客每次下旅游车（飞机、火车、轮船）前、离店前，做好提醒工作。

不要代为保管证件。导游需要集中证件办理有关手续时，应通过领队向游客收取，用完后立即归还，不要代为保管。

与行李员、地陪、领队配合，做好每次行李的清点，交接工作。

每次游客下车后，导游要提醒司机清车、关窗、锁好车门。

2. 证件丢失处理。

当游客丢失证件时，导游首先安抚游客情绪，让失主冷静回忆证件丢失的详细情况，尽量协助寻找。如确认证件丢失并无法找回时，应立即报告旅行社，协助游客向有关部门报失，补办必要的手续，所需费用由游客自理。

（1）丢失外国护照和签证。

由旅行社出具遗失证明。

请失主准备照片。

失主本人持证明去当地公安局（外国人出入境管理处）报失，由公安局出具证明。

持公安局的证明去本人所在国驻华使、领馆申请补办新护照及签证。

（2）丢失团体签证。

由接待社开具遗失公函。

准备原团体签证复印件（副本）。

重新打印与原团体签证格式、内容相同的该团人员名单。

收齐该团全体游客的护照。

持以上证明材料到公安局出入境管理处报失，并填写有关申请表（可由一名游客填写，其他成员署名），申请新的团体签证。

（3）丢失中国护照和签证。

华侨丢失中国护照和签证，首先，去当地接待社开具遗失证明。其次，失主准备彩色照片，持旅行社证明到省、自治区、直辖市公安局（厅）或授权的公安机关报失并申办新护照。最后，持新护照到其侨居国驻华使领馆办理入境签证手续。

中国公民出境旅游丢失护照和签证时，需请接待旅游团的当地导游人员协助在接待社开具遗失证明。之后持遗失证明到当地警察机关报案，并取得警察机关开具的报案证明。持当地警察机关的报案证明和失主照片及有关护照资料到我国驻该国使领馆领取"中华人民共和国旅行证"。回国后，可凭本人身份证、"中华人民共和国旅行证"和境外警察机关的报案证明，申请补办新护照。

（4）丢失港澳台居民往来内地通行证。

向遗失地的市、县或交通运输部门的公安机关报失，经公安机关调查属实后出具证明，或由接待社开具遗失证明。

持遗失证明到遗失地的市、县公安机关出入境管理部门申请签发一次性有效的"中华人民共和国入出境通行证"，凭证返回香港、澳门。

失主持该入出境通行证回港澳地区后，填写"港澳居民来往内地通行证件遗失登记表"和申请表，凭本人的港澳居民身份证，向通行证受理机关申请补发新的通行证。

（5）丢失台湾同胞旅行证明。

台湾同胞若在大陆旅行期间遗失台湾居民来往大陆通行证或其他有效旅行证件，应由旅行社开具证明，向当地市、县公安机关报失，经调查属实后，可重新申领相应的旅行证件，或者发给一次性有效的出境通行证。

（6）丢失中华人民共和国居民身份证。

当地接待社开具证明；失主持证明到当地公安局报失，经核实后开具身份证明，回到居住地后，须持相关材料到当地派出所办理新的身份证。

3. 钱物丢失处理。

（1）境外游客丢失钱物处理。

稳定失主的情绪，让其仔细回忆丢失的经过，丢失的时间。

了解丢失物品的数量、形状、特征、价值。

仔细分析丢失的原因和性质。若是不慎丢失，导游人员应积极帮助寻找。若是被盗，应立即向公安机关或有关保卫部门和保险公司报案（特别是贵重物品），并积极配合他们早日破案，挽回不良影响和损失。若不能破案，导游人员要做好失主的安慰工作，并按遗失的具体物品情况进行处理。

及时向接待社领导汇报，听取其指示。

若丢失的是贵重物品，由接待社出具遗失证明，失主持旅行社证明、本人护照或有效身份证件到省、自治区、直辖市公安局出入境管理处填写"失物经过说明"，列出遗失物品清单。

若遗失的是入境时已向海关申报而出境时需带出的物品，则要向公安局出示"中国海关行李申报单"。

若遗失的是"中国海关行李申报单"，则要在公安局出入境管理处申办"中国海关行李申报单报失证明"。

若遗失的是已在境外办理了财产保险的物品，而在领取保险时需要证明，则可在公安局出入境管理处申办"财物遗失证明"。

若遗失的是旅行支票、信用卡等金融票证，在向公安机关报失的同时应及时向有关银行或发卡公司挂失。

失主持以上由公安局分别开具的证明，可供出境时海关查验或向保险公司索赔。

（2）国内游客丢失钱物处理。

立即向公安局或有关保安部门或保险公司报案；

及时向旅行社报告；

如若旅游活动结束时该物品仍未被找到或破案，可根据物品丢失的时间、地点、责任方等做好善后处理。

4. 行李丢失处理。

（1）来华途中丢失行李。

游客来华途中丢失行李，不属于导游责任，但导游应帮助游客追回行李：

带失主到机场税务登记处办理行李丢失和认领手续。失主须出示机票及行李牌，向机场详细说明始发站、转运站、行李件数及丢失行李的规格（大小、形状、颜色、特征等），认真填写丢失行李登记表。将失主下榻的酒店名称、房间号和电话号码告知登记处，并记下登记处的联系人和联系方式，以及航空公司的地址、电话，方便后续联系。

在参观游览期间，导游要跟进问询寻找行李的进度，如果行李一时找不到，必要时可协助失主购置生活所需物品。

离开本地前，还未找到行李，失主可将接待旅行社名称等信息转告航空公司，以便找到行李后及时送往最适宜的地点。

如行李确系丢失，失主可凭行李托运单向有关航空公司索赔。

（2）在中国境内丢失行李。

游客在中国境内旅游期间丢失行李，一般是交通运输部门或酒店、旅行社行李员的责任，责任在我方，导游应高度重视并负责查找。

分析行李丢失的环节，查找线索。如果游客在抵达本地出站时找不到行李，就可能在上一站行李交接或托运过程中出现了差错。此时，导游应带领失主到失物登记处办理行李丢失和认领手续，由失主填写丢失行李登记表。导游将情况及时向旅行社领导汇报，请旅行社安排有关人员与机场（车站、码头）和上一站地接社联系，积极寻找。如果游客在抵达饭店后发现没有自己的行李，导游应首先在所住酒店查找，了解是否行李被送错楼层、房间，是本团客人拿错了行李还是搞混了旅游团。如果找不到，则应立即与旅行社行李员和饭店行李员联系查清原因，请其设法寻找。如果本酒店找不到，导游应立即与旅行社联系，查清丢失行李是否混入其他旅游团行李中，或误送到其他酒店，请示处理办法。如果是旅行社的原因，请失主填写一份丢失行李物品及全部清单、地陪写一份情况说明，由旅行社向保险公司申请索赔。

做好失主的工作，就丢失行李事故向失主表示歉意，并帮助游客解决因行李丢失带来的生活不便。

在参观游览期间，随时跟进问询寻找行李的进度。

若行李找回，归还原主。若行李已丢失，由责任方负责人向失主说明情况，并致歉。

事后写出本次事件的书面报告并存档。

（五）游客走失

1. 游客走失原因。

（1）导游人员未讲清游览线路或集合的时间、地点和停车位置，或未做好必要的提醒工作；

（2）地陪的导游讲解欠佳，不能引起游客的兴趣，导致游客参与到其他旅游团中听讲和随团游览，而脱离了自己的旅游团，造成走失；

（3）游客在参观游览中忘记了导游人员的提示或因自己感兴趣的事而自行走散；

（4）游客自由活动、外出购物时没有记清所走路线和下榻酒店的名称、地址，又未带酒店卡片，迷了路，引起走失。

2. 游客走失预防。

（1）多做提醒工作。让游客记住接待社的名称、旅游车车号、标志，下榻酒店名称、电话，最好戴上店徽或社徽。团体游览时，提醒大家不要走散，自由活动时，不要走得太远，不要太晚回酒店，不要去热闹拥挤、秩序乱的地方。

（2）做好各项安排的预报。地陪要报告一天的行程，如上下午游览点及餐厅名称、地址。到景点后在景区景点示意图前，地陪应讲清旅游路线所需时间、旅行车停车地点、强调集合时间和地点。

（3）导游从始至终要与游客在一起，并经常清点人数。

（4）地陪、全陪和领队要密切配合，全陪、领队应主动负责断后工作。

（5）导游要以高超的导游技巧和丰富的讲解内容吸引游客。

3. 游客走失处理。

（1）在旅游景点走失。

了解情况，迅速寻找。一般情况下由全陪和领队带人分道去寻找，地陪带领其他游客继续游览。

在认真寻找却未找到走失游客后，导游应向景区和当地公安派出所报告，请求援助。如果以上措施均未找到走失者，导游应及时向旅行社报告，必要时向公安机关报案。

与酒店联系。询问走失者是否已回到下榻酒店。

若是未找到旅游团可按计划时间返回住地，导游可与领队、全陪商量留下两个人继续寻找，待找到后可搭乘其他车辆返回酒店。

做好善后工作，找到走失者后，导游要问清走失原因。如属于导游责任，地陪应向走失者道歉，责任在走失者，应对其进行安慰，提醒以后注意。

（2）自由活动时走失。

立即报告旅行社。请求指示和协助，通过有关部门通报所在区的公安局、派出所和交通警察部门，尽量详细地提供走失者的特征和有关情况，如姓名、性别、年龄段、体形、服饰等有关情况，请求沿途寻找。

做好善后工作。找回走失者后，导游应表示高兴并做必要的安慰；问清情况，必要时提出善意的批评，但不应过多指责；要引以为戒，多提醒游客，避免类似事故再次发生。

二、疾病处理

（一）晕动病预防与处理

晕动病是晕车、晕船、晕机和由于摆动、旋转、加速度所引起的一种疾病，主要原因是运动对前庭器的过度刺激，常出现呕吐、恶心等不适的感觉。在带团过程当中，游客在途中出现这些情况的时候，了解并初步掌握晕动病的预防和处理，对于导游人员来说格外重要。

1. 预防常识。

预防晕动病首先要加强抗晕锻炼。平时可以做俯卧撑、荡秋千、爬绳梯、坐转椅，转动头部和反复下蹲起立等动作，以提高平衡器官对各种体位改变的适应能力。此外，在乘车、船和飞机前要有充足的睡眠，并且不宜过饥过饱；尽量坐在车的前排较平稳的位置上，眼睛向前方注视或闭目养神，不要向边上的窗外望；可打开车窗，保持车内空气流通；乘坐轮船时，可适时走出船舱到甲板上呼吸新鲜空气。

2. 防治常识。

容易患晕动病的人，可在出发前半小时口服晕车药。另外，还可以在太阳穴涂风油精或清凉油；在口中含话梅、陈皮；在肚脐上贴一块伤湿止痛膏或麝香虎骨膏及卫生胶布；也可取鲜姜2片，贴在两前臂内侧手腕上方的内关穴上，用胶布贴牢或手帕包住，或把鲜姜片含在嘴里；如果发生晕车呕吐不止导致体内电解质紊乱甚至休克，应立即就近送医院救治。

（二）中暑预防与处理

中暑常发生在高温和湿度较大的环境中，是以体温调节中枢障碍、汗腺功能衰竭和水电解质丧失过多为特征的一种疾病。对高温环境的适应能力不足是致病的主要原因。暑期带团时，由于气温较高，外加游客活动量大，体内水分丧失较快，极易出现肌肉痉挛、疲乏、无力、眩晕、恶心、呕吐、头痛等症状，这些都是中暑引起的。所以导游暑期在外带团，了解中暑的病因、掌握简单的处理，能为自我保健和为抢救游客生命安全争取宝贵的时间。

1. 预防常识。

衣着透气：注意衣着和口服药物，建议穿颜色比较浅、宽松、通气散气功能比较好的衣物。

环境通风：避免在高温高热的环境之中长时间劳作，如果是在密闭、燥热的工作环境之中，要懂得勤通风换气，以降低环境中的温度，这对中暑的预防是非常有帮助的。如果患者在太阳直射下劳作，要尽量避免太阳直晒，多上阴凉处躲避高温，以减少中暑的发作。

补充水分：多喝电解质水。中暑的时候由于大量液体流失，会使患者体温增高，所以这个时候补充水分能够降低机体的体温；同时电解质水还含有电解质，能够补充液体流失导致的离子紊乱。

防暑用品：还可以喝藿香正气滴丸、十滴水等药物进行预防，有一定临床效果。

2. 处理常识。

地陪导游应尽量减少游客在太阳下暴晒，让他们带好遮阳伞，注意多休息，喝一些清凉饮料，以防中暑；如发现中暑者，团队中如有医务人员，应就地抢救。如无医生，应在游客的协助下把患者抬到阴凉处，做些力所能及的抢救工作，让患者平卧。解开衣裤、全身放松，在领队或家属的陪同下服用十滴水、藿香正气水或其他防暑药物。如患者处于昏迷不醒状态，则应立即送往就近医院抢救。

（三）患病问题处理

1. 游客患病的预防常识。

（1）掌握旅游团成员的健康状况。接团前，导游应根据旅游团信息资料，了解掌握全团成员的健康状况、年龄构成以及是否有需要特殊照顾的游客。

（2）安排游览活动做到劳逸结合。导游根据旅游团成员的构成情况，根据劳逸结合的原则，安排好参观游览活动。

（3）为游客做好提醒、预报工作。提醒游客注意饮食卫生，根据天气预报提醒游客增减衣物，带好雨具，在炎热的夏季注意预防中暑。

2. 游客患一般疾病的处理办法。

（1）劝其及时就医并注意休息。

（2）严禁导游擅自给游客用药。

（3）关心游客病情。对于由于生病而未参加游览活动的游客，导游要主动询问，以示关心。

（4）需要时可陪同患病游客前往医院就诊，但费用需游客自理，并提醒患者保存好诊断证明和收据。

3. 游客突患重病处理。

（1）在前往景区途中突然发病。

在征得患者、患者亲友或领队同意后，立即由全陪、领队、病人亲友将患重病的游客送往就近医院治疗，同时向接待社汇报这一情况。如无全陪和领队，地陪立即通知接待社请求帮助。

（2）在景区参观游览时突然重病。

不要搬运游客，立即拨打急救电话120，同时向景区工作人员求助，并向接待社汇报。

（3）处理要点。

游客突患重病，需由患者家属、领队陪同送往急救中心或医院抢救。通知旅行社派人协助。地陪继续随团旅游。

在抢救过程中，领队或患者亲属应在场，如家属不在场，一切按有关部门的书面意见处理，导游应不时去医院看望、慰问。

患者转危为安但需住院治疗时，导游应帮助办理相关手续。

有关诊断、抢救、治疗的书面材料，导游应复印带回旅行社存档。

患者住院、治疗费用自理，未享受到的综合服务费按规定退还本人，患者亲属费用自理。

4. 因病死亡问题处理。

在参观游览期间，游客因病死亡，导游应立即通知旅行社，寻求帮助，并按有关规定办理善后事宜。如果不能确定是遇害还是因病已死或休克、假死，导游应按下列步骤处理：

（1）立即拨打120，实施紧急抢救。

（2）抢救过程中的文字记录、抢救报告、死亡证明书等应由主治医师和有关部门签章后复印交给死者亲属、领队和旅行社保存。

（3）拨打110报警，保护好现场。

（4）稳定其他游客的情绪，继续做好接待工作。

（5）写出事故报告，存档。

如游客是外国人，应通过旅行社报告外事部门和公安机关、保险公司，并应及时通知该国驻华使、领馆有关负责人到达现场；如需解剖、火化，应由死者亲属或使领馆官员或领队签字后进行；死者遗物应列出清单，一式两份遗物由亲属、领队带回；无论是遗体火化，遗体灵柩运回，都应经我方防疫机关检疫后，发给出境许可证出境。

三、安全事故预防与处理

（一）交通事故

1. 交通事故的预防。

（1）接团前，提醒司机认真检查车辆，排除行车时发生事故的隐患。

（2）当地参观游览活动的日程安排，在时间上要留有余地，避免造成司机为抢时间而开快车，违章超速。

（3）司机开车时，不宜与司机闲聊，以免分散注意力。

（4）如遇天气状况不好，交通拥堵，路况不好的情况，导游要主动提醒司机谨慎驾驶，注意安全。

（5）如遇路况不安全、天气恶劣等情况，安全第一，必要时可在上报旅行社后，改变、调整行程。

（6）用餐时，不向司机劝酒，并提醒司机在工作期间不能饮酒。如司机决议酒后开车且无法阻止，地陪应立即上报旅行社，请求改派司机或改派其他车辆。

2. 交通事故的处理。

（1）立即抢救伤员，由全陪或领队陪同送往就近医院。

（2）及时报警，严格保护现场。

（3）报告旅行社，并通知有关单位（上级主管部门、外事部门等）负责人和保险公司赶赴现场处理。

（4）地陪做好团内其他游客的安抚工作，组织他们继续参观游览。

（5）写出事故书面报告。

（二）治安事故

旅游活动期间，遇到坏人行凶、诈骗、偷窃、抢劫等行为而导致游客人身、财产安全受到威胁或不同程度的损害的事故，统称治安事故。

1. 治安事故的预防。

（1）导游应提醒游客出入房间锁好门，不要将房间号随便告诉陌生人，更不要让陌生人进入自己的房间，尤其是夜间更不可贸然开门。

（2）导游应建议游客将贵重财物存入酒店的保险柜，不要随身携带或放在房间里。

（3）离开游览车时，导游提醒游客不要把证件或贵重物品，遗留在车内，游客下车后，导游应提醒司机将东西锁好，关好车窗。

（4）在游览过程中导游要始终和游客在一起，注意观察周围情况，经常清点人数。

（5）旅游车行驶途中，不得停车让无关人员上车。若有不明身份者拦车，导游应提醒司机不要停车。

2. 治安事故的处理。

（1）导游要挺身而出，保护游客的人身、财产安全。

（2）立即报警、报告旅行社、派人支援。

（3）安抚游客情绪，继续参观游览。

（4）协助有关部门做好善后工作，并力争做好防范工作。

（5）写出事故报告。

（三）火灾事故

1. 火灾事故的预防。

（1）多提醒游客。随时提醒游客不携带、购买易燃易爆物品，不托运违规物品，不要乱扔烟头或躺床上吸烟，不要将充电器长时间插在插座上。

（2）熟悉所处场所的安全出口及安全转移路线，如在酒店，须向游客介绍酒店楼层所在安全出口，并提醒游客查看房门背后张贴的安全转移路线示意图。

（3）牢记报警电话，掌握领队、全陪及全团游客所住房间号和电话号码，一旦遇到火情，立刻通知游客安全疏散。

2. 火灾事故的处理。

（1）导游应立即拨打119报警电话，镇定地与领队协调行动；听从酒店统一指挥，引导全团游客从安全出口疏散。

（2）不让游客因慌乱盲目跳窗或搭乘电梯，要引导游客自救。用湿毛巾捂住口鼻顺墙根或贴近地面爬行；如身上起火，可就地打滚压灭火苗，或用厚重衣服将火苗压灭；如大火封门无法逃脱时，可用水浸湿衣物、被褥等，堵住门缝，泼水降温的同时，等待救援。

（3）看到消防人员时要大声呼救，服从救护人员指挥，尽快撤到安全地带。

（4）得救后，立即抢救伤员，解决大火造成的困难，设法使旅游活动继续进行。

（5）协助旅行社领导处理善后事宜并写出事故报告。

（四）食物中毒

众所周知，民以食为天，吃向来是人们最关注的话题，哪家的餐馆最近又推出了什么新菜，哪条小吃街最近又加入了什么地方的特色小吃，往往都会很快成为人们趋之若鹜的地方。然而，如今人们更关注自己吃得健康。在旅游过程中，导游尤其要注意自己团队中游客的饮食安全问题，尽量避免摄入一些不卫生的食物，必须简单掌握一些食物中毒的急救方法，避免造成不必要的危害。

1. 食物中毒的特点。

潜伏期短、突然地和集体地暴发，多数表现为肠胃炎的症状，并和食用某种食物有明显关系，不食者不发病，停用该食物后，发病即停止，一般无传染性。

2. 预防与处理。

（1）预防办法。

为防止发生游客食物中毒的事故，地陪导游应该安排游客在定点餐厅就餐，随时提醒游客不要在小摊上购买食物。若发现餐厅提供的食物不卫生或有异味、变质等，应要求餐厅立即更换，并要求负责人出面道歉。

（2）处理常识。

一旦游客出现呕吐、腹泻、乏力、昏迷等症状，导游首先需要立即让游客停止食用可疑食物，同时拨打 120 急救电话。在急救车到来之前，可采取以下措施：

立即设法催吐，并让患者多喝水以加速排泄，缓解毒性。如果进食在两个小时以内，可以尽可能用催吐的方法将食物排出。如果超过两个小时，可能要使用导泻的药物来促进这些食物排出。如果吃了变质的海鲜，可以用食醋 100 毫升或者 200 毫升稀释一下进行服用。如果食物遗留在肠胃的时间超过两小时，患者精神状态较好，没有严重不适感的情况下，我们可以通过导泻的方式来排出体内的有毒食物，如果是年老的患者可服用一些中成药物，防止食物遗留在身体内过长时间，引发其他肠胃疾病。

立即将患者送往医院抢救治疗，并尽可能保留导致中毒的实物样本，以提供给医院检测，请医生开具诊断证明。

立即报告旅行社并追究供餐单位的责任。

（五）溺水事故

溺水又称淹溺，是指人淹没于水中，由于水吸入肺内（湿淹溺 90%）或喉挛（干淹溺 10%）窒息。

1. 溺水事故的预防。

为了防止溺水事故的发生，导游应做到以下几点：

（1）劝阻游客独自在河边、海边玩耍。

（2）劝阻游客，请他们不要前往非游泳区游泳。

（3）劝阻不会游泳者，使其不要游到深水区，即使戴着救生圈也不安全。

（4）提醒游客在游泳前要做适当的准备活动，以防抽筋。

2. 溺水时的自救方法。

（1）不要慌张，发现周围有人时立即呼救。

（2）放松全身，让身体漂浮在水面上，将头部浮出水面，用脚踢水，防止体力丧失，等待救援。

（3）身体下沉时，可将手掌向下压。

（4）如果在水中突然抽筋，又无法靠岸时，立即求救。如果周围无人，可深吸一口气潜入水中，伸直抽筋的那条腿，用手将脚趾向上扳，以缓解抽筋。

3. 发现有人溺水时的救护方法。

（1）可将救生圈、竹竿、木板等物抛给溺水者，再将其拖至岸边。

（2）若没有救护器材，可入水直接救护。接近溺水者时要转动他的髋部，使其背向自己然后拖运。拖运时通常采用侧泳或仰泳拖运法。

（3）未成年人发现有人溺水，不能贸然下水营救，应立即大声呼救，或利用救生器材施救。救人也要在自己能力范围之内。

4. 岸上急救溺水者方法。

（1）迅速清除溺水者口、鼻中的污泥、杂草及分泌物，保持呼吸道通畅，并拉出舌头，以避免堵塞呼吸道。

（2）将溺水者举起，使其俯卧在救护者肩上，腹部紧贴救护者肩部，头部下垂，以使溺水者呼吸道内积水自然流出。

（3）进行口对口人工呼吸及心脏按压。

（4）尽快联系急救中心或送去医院。

（六）毒蛇咬伤

草丛、乱石堆等都是毒蛇出没的地方，导游在夏季带团时要注意这些地点，以免游客被毒蛇咬伤。目前，有些峡谷风景区森林植被保护良好，大受推崇，特别是在南方热带雨林。不过这些地方也隐藏了极大的安全隐患，导游在带团时，一定要提醒游客注意毒蛇，以免受伤。一旦出现蛇咬情况，要第一时间赶过去进行紧急处理。判断是否为毒蛇咬伤，以及蛇咬伤后的紧急处理，是导游必须掌握的技能。

1. 预防。

野外旅行时，尤其在夜间最好穿长裤、蹬长靴，持木棍或手杖打草惊蛇，携带照明工具，防止踩踏到蛇体招致咬伤。还应常备解蛇毒药品以防不测。选择宿营地时，要避开草丛、石缝、树丛、竹林等阴暗潮湿的地方。也可打草惊蛇，把蛇赶走。在山林地带宿营时，睡前和起床后，应检查有无蛇潜入。不要随便在草丛和蛇可能栖息的场所坐卧，禁止将手伸入鼠洞和树洞内。进入山区、树林、草丛地带应穿好鞋袜，扎紧裤腿。遇见毒蛇，应远道绕过；若被蛇追逐时，应向上坡跑，或忽左忽右地绕弯跑，切勿直跑或直向下坡跑。

2. 毒蛇咬伤处理。

（1）早期结扎。

立即用柔软的绳子或乳胶管（建议随身携带），在伤口上方超过一个关节结扎，结扎的动作要迅速，最好在咬伤后2~5分钟完成。

（2）冲洗伤口。

结扎后，用冷开水加食盐冲洗伤口（若用双氧水、1∶500高锰酸钾液冲洗更好）。

（3）与医院联系。

尽快用担架、车辆将病人送往医院做进一步的治疗。转运途中要消除病人紧张心理，保持安静。

（七）骨折

骨折是骨的完整性和连续性的中断，可由创伤和骨骼疾病所致。导游在带团时，如遇车祸、自然灾害、突发危险等情况，极易致游客骨折的情况发生，尤其是老年游客，由于骨质较疏松，更易发生骨折。骨折的包扎、止血、搬运等基本技能，对挽救游客生命、为医院抢救提供治疗起到十分重要的作用。

1. 判断症状。

发生骨折，一般分内伤、外伤两种情况。首先根据伤者的情况，判断是否骨折。骨折后一般体温正常，出血量较大的骨折可出现低热。如果发生骨折，一般表现为局部疼痛、肿胀和功能障碍。具体而言，畸形，骨折段移位可使患肢外形发生改变，主要表现为：□缩短、成角或旋转畸形；□异常活动，正常情况下肢体不能活动的部位，骨折后出现不正常的活动；□骨擦音或骨擦感，骨折后，两骨折端相互摩擦时，可产生骨擦音或骨擦感。此外，还可根据伤者受伤原因判断，一般情况，车祸、高空坠落造成骨折的可能性很大。

2. 止血。

人体内血液大体有5 000～6 000毫升，如果受伤后流血不止，失血超过800～1 000毫升，就会引起休克或死亡。因此，流血不止是造成伤员死亡的主要原因之一，可用指压法、加压包扎法、止血带法为患者及时止血。

指压止血法是在伤口的上方，即近心端，找到跳动的血管，用手指紧紧压住。将手指置于压点上，施以足够的压力，15分钟后，慢慢放开手指。

加压包扎止血法需用无菌敷料填塞伤口后，再用纱布卷放在出血部位上面，用三角巾或绷带加压包扎。

止血带止血法则是用止血带紧缠在肢体上，使血管中断血流。

止血带要缠绕在伤口的上部，下面要垫上铺平的衣服、毛巾或纱布，不要直接紧缠在皮肤上，以免勒伤皮肤。每隔半小时松开一次，后再度缠绕，在止血带上标明时间。

开放性骨折，伤口出血绝大多数可用加压包扎止血。大血管出血，加压包扎不能止血时，可采用止血带止血。创口用无菌敷料或清洁布类予以包扎，以减少再污染。若骨折端已戳破伤口，并已污染，又未压迫重要血管、神经者，不应将其复位，以免将污染物带入伤口深处。

3. 包扎。

在这一环节，最重要的是保持伤口干净。闭合性骨折者，急救时不必脱去患肢的衣裤和鞋袜，以免过多地搬动患肢，增加疼痛。若患肢肿胀严重，可用剪刀将患肢处的袖和裤脚剪开，减轻压迫。之后，将伤口周围洗干净，对伤口处进行冲洗，注意不要擦洗。包扎时，松紧适度。

4. 上夹板。

夹板的长短、宽窄要根据骨折部位的需要决定，主要是长度必须超过折断的骨头。

没有夹板时，薄木板、竹竿、木棍等都可代替。使用夹板或代用品时，要用棉花、布片或衣服等包上，以免夹伤皮肤。

5. 搬运伤者。

及时将伤者送医院救治。如果受伤严重，需要将伤员运至医院或可对其实施进一步救助的地点，还需自制一个担架，担架的材料可以是门板或树棍等物。自制的担架应尽量使伤员感觉舒适，并便于抬运。

如无方便材料制作担架，则需徒手搬运伤员，最可行的办法是肩扛。具体方法是：抱住伤员，让伤员靠在施救者的膝盖上，托住伤员的腋下，将他扶起，并使其保持平衡；然后，抓住伤员的右臂，把施救者的头埋在伤员的胸前，以左手抓住其右膝将伤员举至施救者的肩部。

6. 善后处理。

保存好诊断书，医疗费用清单等材料，以备向保险公司索赔。发生骨折事故后，要及时报告旅行社，并写出事故报告。

四、自然灾害避险

（一）地震

1. 室内可采取的避震措施。

（1）从地震开始到房屋倒塌，一般有 10~15 秒的时间，如住在平房或楼房一层、二层，可利用这段时间带领游客迅速转移至室外空旷地。如住在高层，应立即告知游客可躲到结实的家具或墙角处或卫生间内，头部尽量靠近墙面，并用被褥、枕头、皮包等保护住头部。

（2）提醒游客不要躲在阳台、窗边等不安全的地方或不结实的桌子、床下，在公共场馆或商场购物时应迅速就近蹲下或躲在坚固的柱子、大型物品旁，要避开玻璃窗、广告灯箱和高大货架等危险物。

（3）提醒游客不要进电梯，不要在楼道躲避。

（4）提醒游客不要逃出后又返回房中取财物。

2. 室外可采取的避震措施。

（1）室外遇地震，应带领游客迅速跑到空旷场地蹲下，尽量避开狭窄街道、高大建筑、玻璃围墙建筑、立交桥、高压线、变压器、广告牌等危险处。

（2）野外遇地震，应避开山脚、陡崖，以防滚石和滑坡，如遇山崩，要带领游客向滚石前进方向的两侧躲避。

（3）海（湖）边遇地震，应迅速组织游客远离海（湖）岸，以防地震引发海（湖）啸。

（4）乘车途中遇地震，应迅速让司机将车开往空旷处停车，不要让游客跳车，地震后迅速组织游客有序撤离。

（二）泥石流

泥石流多发生在山区。在旅游活动期间，行程中若有泥石流多发区，导游应留心当地天气预报，并注意不要在暴雨天前往该区域旅游。遇到泥石流，导游应：

1. 带领全团人员迅速向山坡坚固的高处或连片的岩石区域撤离，扔掉一切重物，全速奔跑，不要在沟底、低洼、河边停留，不要攀爬到大树上躲避。

2. 逃生时要与泥石流流向呈垂直的方向奔跑，切勿同向奔跑。

3. 到达安全地带后，立即与旅行社联系，汇报情况，请求援助。

（三）洪水

为避免在旅游活动中遭受洪灾，导游带领游客在山地、河湖附近游览前，应及时关注当地天气预报。如遇红色、橙色天气预警，可同游客协商，适当调整行程，并上报旅行社。遇到洪灾，导游应：

1. 带领游客避开电线杆、高压线周围，不去危墙及高墙附近，不去河床、水库、沟渠周围。

2. 带领全团游客迅速前往地势较高的地方躲避。

3. 利用手机迅速报警，并向外界发出求救信号。

4. 安抚游客情绪，不让游客单独行动，等待救援。

（四）台风

台风的危害性非常大，导游在季节性台风地区带团参观游览时，每天要密切关注当地天气预报，做好应急准备。遇到台风，导游应：

1. 在海边或低洼地区遭遇台风，应尽快带领全团游客到远离海边的坚固建筑中躲避。

2. 在旅游车内遇到台风，应立即提醒司机将车开往地下停车库或其他坚固的隐蔽处。如无法继续行车，司机应立即停车，导游组织游客躲到远离汽车的低洼地或紧贴地面躺平，并保护好头部。

（五）海啸

海啸是一种灾难性海浪。当导游发现潮汐突然反常涨落，海平面明显下降或有异常巨浪来袭时，或海滩上出现大量海洋生物时，应立即组织游客迅速远离岸边。

1. 如果发生海啸时，游船在海中航行，则应立刻前往深海区，而不可靠岸。

2. 如果在海啸中不慎落水，要尽力抓住木板等漂浮物，同时避免与其他硬物碰撞。不要喝海水，尽量向其他落水者靠拢。在水中尽量减少动作，以防体内热量流失过快。

3. 被救上岸后，注意用被子、毛毯、厚外套保温，尽快恢复体温。对于溺水者，要及时清除鼻腔、口腔和腹内的吸入物。如心跳、呼吸停止，要立即进行心肺复苏。

项目七

送站服务

项目引言

送站服务是旅游团接待工作的最后阶段,是导游工作的尾声。如果说迎接是导游树立良好形象的开端,接待是保持良好形象的关键,那么送行则是游客对导游良好形象的加深。地陪应善始善终,如接待过程中曾发生不愉快的事情,应尽量做好弥补工作;要想方设法把自己的服务工作推向高潮,使整个旅游过程在游客心目中留下深刻印象。

按照《导游服务质量》国家标准的要求,旅游团(者)结束本地参观游览活动后,地陪应做到使游客安全、顺利离站,遗留问题得到及时和有效处理。

任务导图

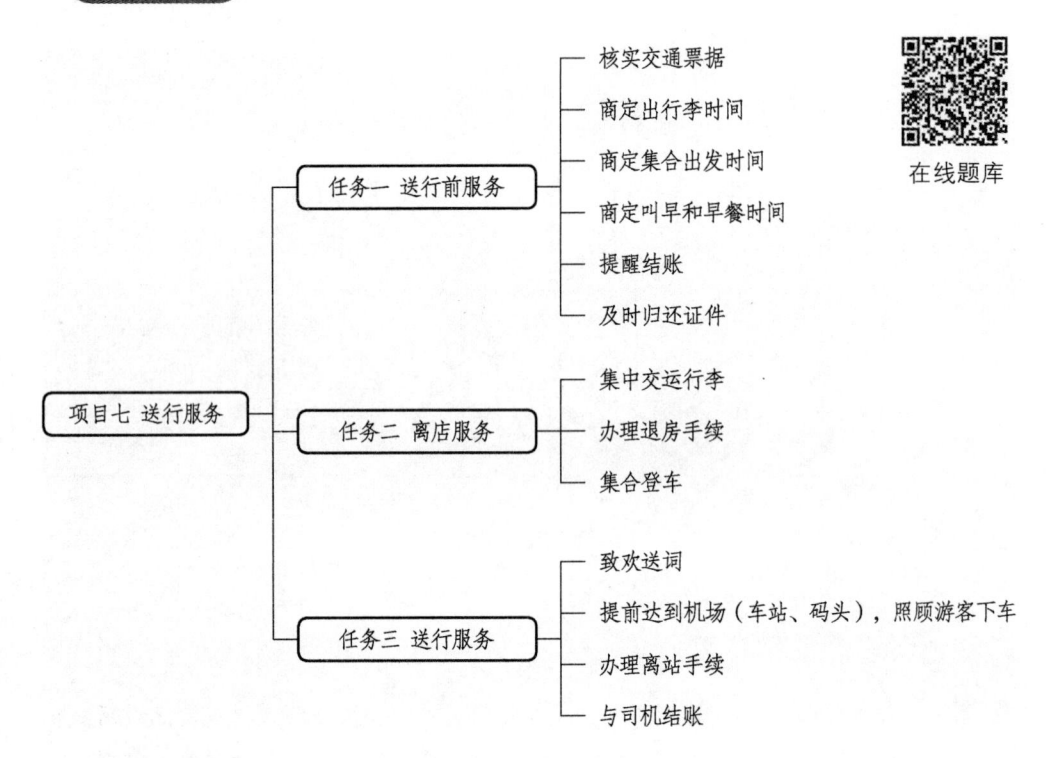

- 项目七 送行服务
  - 任务一 送行前服务
    - 核实交通票据
    - 商定出行李时间
    - 商定集合出发时间
    - 商定叫早和早餐时间
    - 提醒结账
    - 及时归还证件
  - 任务二 离店服务
    - 集中交运行李
    - 办理退房手续
    - 集合登车
  - 任务三 送行服务
    - 致欢送词
    - 提前达到机场（车站、码头），照顾游客下车
    - 办理离站手续
    - 与司机结账

在线题库

学习目标

知识目标：

1. 熟悉地陪导游送行服务的主要内容和要求。
2. 掌握欢送词的主要内容。
3. 熟悉航班乘机流程。

能力目标：

1. 能根据旅游团实际情况与有关人员商定相关出行时间。
2. 会致欢送词。

项目情景

时间：6月26日。

地点：酒店、旅游车、高铁站。

人物：地陪导游、全陪、游客。

事件：旅游团结束本地参观游览活动后即将离开，地陪导游按照工作要求做好送站服务，使游客安全、顺利地离站。

任务一　送行前服务

【任务描述】

任务内容	成果形式	完成单位
模拟地陪导游与司机、全陪等商定送行前出发时间、叫早时间等情景	现场展示	小组
按照地陪导游送行前工作要求，核实交通票据，商定时间，并完成本节课"任务实践"中相关内容	文本	个人

【知识储备】

一、核实交通票据

地陪导游送行前的工作内容

旅游团离开的前一天，地陪应认真核实旅游团离开的机（车、船）票，包括团名、代号、人数、全陪姓名、去向、航班（车次、船次）、起飞（开车、起航）时间（时间要做到四核实：计划时间、时刻表时间、票面时间、问询时间）、在哪个机场（车站、码头）离开等事项，然后移交给全陪。如果航班（车次、船次）和时间有变更，地陪应问清计调部门是否已通知了下一站，以免造成漏接。了解本地和下一站次日的天气情况，以向游客做适当提示。

若是乘飞机离境的旅游团，地陪除了要核实机票的上述内容外，还应掌握该团机票的种类，并提醒领队和游客提前准备好海关申报单，以备海关查验。

> **小贴士**
>
> 交通票据核实内容：
> （1）姓名。若是团体机票，核对内容包括团名、代号、人数、全陪姓名；若非团体机票，则要核对每一位游客的姓名是否与有效证件吻合。
> （2）航班（车次、船次）。
> （3）始发及到达站、起飞（开车、起航）时间。（要做好四核实，即计划时间、时刻表时间、票面时间、闻讯时间的核实）

二、商定出行李时间

首先，地陪应先了解旅行社行李员与酒店行李员交接行李的时间（或按旅行社规定的时间），然后与酒店礼宾部商定地陪、全陪、领队与酒店行李员四方交接行李的时间。

其次，在上述四方交接行李时间商定后，地陪再与领队、全陪一起商定游客出行李的时间，商定后再通知游客，并向其讲清有关行李托运的具体规定和注意事项（如不要将护照、贵重物品放在行李中）。

最后，一般旅游团不安排行李车，游客行李随车运送，地陪通知游客出发时一并提醒游客带上行李即可。

三、商定集合出发时间

由于司机对路况比较熟悉，所以出发时间一般由地陪首先与司机来商定。为了安排得更合理，地陪还应与领队、全陪商议，商定后应及时通知游客。

四、商定叫早和早餐时间

地陪应与领队、全陪商定叫早和早餐时间，并及时通知酒店有关部门和游客。如果该团是乘早班飞机或火车离开，需要改变用餐时间、地点和方式（如带盒饭），地陪要及时做好有关安排。

五、提醒结账

旅游团离店前，地陪应提醒、督促游客尽早与酒店结清其有关账目，如洗衣费、长途电话费、食品饮料费等。若游客损坏了客房设备，地陪应协助酒店妥善处理赔偿事宜。地陪应将旅游团的离店时间及时通知酒店总台，提醒其及时与游客结清账目。

六、及时归还证件

一般情况下，地陪不应保管旅游团的证件，用完后应立即归还给游客或领队。尽管如此，离店前一天，地陪还应检查自己的物品，看是否保留有游客的证件、票据等，如有应立即归还，当面点清。

旅游团离开时若有旅行社的负责人来送行，地陪应向领队、游客和全陪做介绍，并认真做好欢送的具体组织工作。

微语录

与司机良好合作：导游与司机的配合贯穿整个带团工作的全过程。导游安排送别游客的工作，要和司机做好沟通，要和迎接游客时一样认真细致地做准备，尽量把每个细节和可能发生的变故提前想到，并提前准备好应急的对策。

【任务实践】

旅游团即将结束本次丝绸之路之旅，在游客离开的前一天，地陪导游为送站服务做准备。该旅游团在敦煌结束游览后乘坐动车 D2739（08：30—14：35）前往西宁。地陪导游应做好以下工作：

一、认真核实离站交通票据

游客人数：_____；
抵达城市：_____；
航班/车次：_____；
离站时间：_____；
送站地点：_____。

打电话核查车次，确定航班或车次没有变更后，提醒全陪向下一站交代有关情况。

二、商定时间

与司机协商集合出发时间。地陪导游也可提前查询入住酒店距离送站地点的距离和时间，做到心中有数。

入住酒店至送站地：_____；
公里数和预计时间：_____；
提前多久达到送站地：_____；
商定叫早和早餐时间：_____。

三、提醒结账

若游客在酒店有额外消费，提醒其结账。

四、及时归还证件

再次检查是否有游客证件或相关票据，务必及时归还，并当面点清。

【典型案例】

险些误机被投诉

小王是一位有 8 年带团经验的老导游了，谈起自己曾误机的一个团，至今记忆犹新。那是一个美国长线团的最后一天。游客要在早上 9 点乘美国西北航空公司的飞机回国。前一天的晚上他们才从外地飞回北京，入住酒店的时候，已经是夜里 12 点了。

小王知道国际航班要提前3个小时赶到机场。出于好心，想多留出一点时间让这些游客休息，就决定明天早上7点出发。她想，路上用半个小时，提前一个半小时到机场足够了，自己以前多次送过这个航班的游客，也没迟到过。这时司机提醒王小姐，7点出发是不是晚了点儿？小王蛮有把握地说："没事儿！"结果第二天真的出了事儿，机场大厅里的人摩肩接踵，挤得水泄不通。待到王小姐把游客送进去，已经接近8点了。

过了几天，外方投诉，说我方把游客送晚了，害得他们差一点儿没赶上飞机。原来，美国西北航空公司已改为提前3个小时到一个半小时办理登机手续，游客来到柜台时，手续已经停办，结果费了好大的力气，才让他们登上飞机。出了这样的事情，游客当然会有强烈的不满。

【分析】

中国有句老话"赶早不赶晚"。本案例中，王导是好心想让劳累的游客能多休息，没想到险些误机。究其原因是，导游过分迷信自己的经验而没有做好票务确认的细节工作。

导游人员出发前往机场（车站、码头）之前要"三确认"，即确认接团计划单时间、时刻表时间、问询机场（车站、码头）所知的时间是否一致，以及有无其他变化。王导如果事先能打电话去机场询问一下，那么就不会出现游客险些误机的事情，也就不会遭到投诉了。

【技能提升】

情景模拟：以小组为单位，分别扮演地陪导游、司机和全陪，模拟商定时间（出行李、集合出发、叫早和早餐时间等）情景。

【知识检测】

◆ 判断题

在旅游团离站前一天，地陪导游应协助地接社计调人员与游客结清洗衣、长途电话、食品饮料等费用。（　　　）

◆ 单选题

1. 当游客离开当地前往下一站时，地陪应在游客（　　　），核实旅游团（者）离开的交通票据。

A. 离站前一天　　　B. 离站的当天　　　C. 抵站后当天　　　D. 抵站前一天

2. 旅游团乘飞机离站前一天，地陪应向地接社行李员了解他与（　　　）交接游客行李的时间。

A. 机场行李　　　B. 饭店行李员　　　C. 计调部人员　　　D. 酒店客房部

3. 旅游团离开本地前一天，地陪应向（　　　）问清是否将旅游团乘坐的航班通知了下一站，以免造成漏接。

A. 接待部　　　B. 销售部　　　C. 办公室　　　D. 计调部

4. 送站前，地陪应首先同（　　　）商量旅游团出发时间。

A. 旅游团领队　　　B. 旅游团全陪　　　C. 旅行车司机　　　D. 酒店行李员

5. 某旅游团按计划将于次日乘早班飞机离开某市，而餐厅无法提供正常早餐。在这种情况下，地陪的正确做法是（　　　）。

　　A. 与餐厅经理交涉，要求餐厅提供早餐　　B. 帮助游客提前在外卖店代购
　　C. 请游客自行解决次日的早餐　　D. 请餐厅提前准备简便的餐食

6. 地陪在通知游客出行李时间时，应向他们讲清有关行李托运的具体规定和（　　　）。

　　A. 注意事项　　B. 托运程序　　C. 托运方式　　D. 运输要求

◆ 多选题

1. 在送旅游团离开本地之前，地陪应做的工作主要有（　　　）等。

　　A. 核实旅游团离开的交通票据　　B. 与全陪、领队商定出行李时间
　　C. 与司机商定集合、出发时间　　D. 与全陪、领队商定房费结算时间
　　E. 与全陪、领队商定叫早时间

2. 在核实旅游团离开本地交通票据中飞机起飞（火车开车、轮船起航）时间时，地陪应注意（　　　）与交通票面上时间的一致性。

　　A. 接待计划上的时间　　B. 计调人员告知的时间　　C. 时刻表上的时间
　　D. 网上所载的时间　　E. 问询处告知的时间

3. 离站前一天，地陪应提醒和督促游客尽早与酒店结清（　　　）等费用。

　　A. 洗衣费　　B. 长途电话费　　C. 餐食费
　　D. 食品饮料费　　E. 租借物品费

任务二　离店服务

【任务描述】

任务内容	成果形式	完成单位
模拟地陪导游登车后提醒游客清点物品有无遗留的情景	现场展示	小组
按照离店服务要求，完成本节课"任务实践"中相关内容	文本	个人

【知识储备】

一、集中交运行李

地陪离店服务内容

如旅游团配备行李车，旅游团的行李集中后，地陪要按商定好的时间与领队、全陪和酒店行李员共同确认托运的行李件数，并检查行李箱、包是否上锁、捆扎是否牢固、是否破损等，然后交给酒店行李员，填写行李托运卡。期间也需请游客核实自己的行李。

二、办理退房手续

旅游团离开酒店前,地陪可将游客的房卡(钥匙)收齐交到酒店总服务台(也可由游客自交),并及时办理退房手续(或通知有关人员办理)。在办理退房手续时,要认真核对旅游团的用房数,无误后按酒店规定结账签字。

三、集合登车

出发前,地陪应询问游客是否结清了酒店的账目;提醒游客是否有物品遗留在酒店;请游客将房卡交到总服务台(房卡由游客自行交于酒店的情况下)。

引领游客登车。游客上车后,地陪要协助他们放好随身行李,待他们入座后,地陪要仔细清点实到人数。游客到齐后,要提醒游客再清点一下包括证件在内的随身携带的物品,若无遗漏则开车离开酒店。

【任务实践】

一、办理退房手续

地陪小李请游客自行将房卡交到总服务台,及时与酒店办理退房手续,认真核对用房数,无误后按酒店规定结账签字。

YH 国旅订房签单　　No 0008900

团号		酒店名称		入住时间	年 月 日	一(白)留存 二(红)结算
人数						
用房房型	用房数量	特殊说明及备注		退房时间	年 月 日	
				酒店签字		
特别提示: 1. 本签单房费一律按照我公司房调的确认价格执行。 2. 本签单和我公司房调订房内容一致方可有效,如有疑问请打电话咨询: 0931-1234××× 3. 如无我社团号视为无效。				导游签字		

二、集合登车

登车前,提醒旅游者有无物品遗落在酒店,按商定时间集合登车。待游客放好随身行李入座后,小李清点人数,确定全体到齐后,提醒游客再次检查清点一下随身携带的物品。然后请司机师傅开车离开酒店前往车站。

【典型案例】

迟到的送站服务

清晨8时，某旅游团全体游客已在汽车上就座，准备离开XH大酒店前往机场。地陪小王从酒店外匆匆赶来，上车后清点人数，又向全陪了解了全团的行李情况。后来讲了以下一段话：

"游客朋友们，早上好！我们全团18位游客都已到齐。现在我们准备去机场。今天早上，我们将乘10：00的航班去G市。在这里，王导我非常感谢大家对我工作的理解和支持。中国有句古话：相逢何必曾相识。短短的一天，我们增进了相互之间的了解，成了朋友。在即将分别的时候，我希望各位朋友今后有机会再次来到福州，游览我们的三坊七巷、马尾船政，到时王导我再来给你们做导游。最后祝大家一路平安、阖家欢乐、身体健康！谢谢大家。朋友们，一会到机场后，请大家有序下车。"

【分析】

1. 导游必须提前到达酒店做送团准备，小王迟到了；而且没有就自己迟到向全团游客表示道歉；由于迟到，小王没有亲自参与清点行李，仅仅向全陪了解。

2. 出发前没有询问游客与酒店结账、交还客房钥匙、物品是否带齐等事宜。

3. 欢送辞不规范：没有简要回顾旅游活动、没有征求游客的意见和建议、没有就工作中不足之处再次道歉（包括自己迟到）；下车前没有再次提醒游客带好随身物品，并检查是否有遗留物品。

【技能提升】

情景模拟：以小组为单位，模拟集合登车后提醒游客清点物品有无遗留等情景。

【知识检测】

◆ 单选题

1. 如果旅游团离开本地赴下一站，地陪通常应在旅游团离开当日（　　）时前办理退房手续。

A. 12　　　B. 15　　　C. 18　　　D. 酒店客房住宿结算时间的规定

2. 离开酒店前，地陪应询问游客是否结清了酒店的账目，提醒他们带好物品，并将客房钥匙交还（　　）。

A. 酒店行李员　　B. 酒店服务台　　C. 客房服务员　　D. 酒店门童

3. 在同饭店办理旅游团住房结算时，地陪应认真核对（　　）。

A. 用房日期　　B. 用房时间　　C. 用房数量　　D. 用房房号

◆ 多选题

1. 在集合登车出发前，地陪应询问游客的事项有（　　）。

A. 是否结清了酒店的账目　　　　B. 是否有物品遗留在酒店

C. 游客是将房卡交到总服务台　　D. 是否带走酒店客房里的陈设品

E. 不要弄脏弄乱客房里的设施

2. 在向旅行社行李员交接行李之前，地陪要与全陪、领队和酒店行李员一起做的工作有（　　）。

A. 确认托运行李的件数　　　　B. 检查箱、包是否上锁

C. 检查旅行证件是否放入行李中　　D. 检查箱、包是否捆扎好

E. 检查箱、包是否有破损

3. 旅游者离店上车后，地陪要再次询问游客的事项有（　　）。

A. 是否结清了酒店的账目　　B. 是否办理好个人事务　　C. 是否有物品遗留在客房

D. 是否将钥匙交到服务台　　E. 是否与酒店人员告别

4. 下列工作中，属于旅游团离店前，地陪应做好的工作有（　　）。

A. 办理退房手续　　　　B. 向游客移交交通票据　　　　C. 集中交运行李

D. 向游客征求意见　　　　E. 带领游客集合登车

任务三　送行服务

【任务描述】

任务内容	成果形式	完成单位
2人一组模拟地陪导游在旅行社领取接团计划等资料的情景	现场展示	小组
按照接团计划要求，熟悉接待计划各项内容，在记事本上做记录，并完成本节课"任务实践"中相关内容	文本	个人

【知识储备】

地陪送行服务内容

一、致欢送词

在旅游车至机场（车站、码头）的途中，如有需要，地陪可酌情对沿途景物进行讲解。快到机场时（也可在机场、车站、码头），地陪要致欢送词，以加深与游客的感情。致欢送词的语气应真挚，富有感染力。欢送词的内容主要包括：

1. 回顾语：在去机场（车站、码头）的途中，地陪应对旅游团在本地的行程，包括食、住、行、游、购、娱等各方面做一个概要性的回顾，目的是加深游客对这次旅游经历的体验。

2. 感谢语：对游客及领队、全陪、司机的合作表示感谢。若旅游活动中有不尽如人意之处，可借此机会表示真诚的歉意。

3. 征求意见语：诚恳地征询意见和建议。

4. 惜别语：表达友谊和惜别之情。

5. 祝愿语：表达美好的祝愿，期待再次相逢。

致完欢送词，地陪可将"旅游服务质量评价意见表"（见表 7-1）分发给游客，请其现场填写，在游客填写完毕后如数收回，向其表示感谢并妥善保留。游客还可以通过在线平台评价旅游服务质量。

表 7-1　旅行社旅游服务质量评价意见表

亲爱的女士、先生：

为了提高旅游产品质量，我们将非常感谢您对我们提供的服务提出宝贵意见。您的反馈，将是对我们工作的大力支持。谢谢！

填卡说明：

1. 请您准确填写旅游团团号和在××（地名）日期。
2. 请您在所在列项目中您同意的评价等级栏内打"√"标记。
3. 请您将填好的卡片交还导游。

旅游团号：_____　　　　抵达日期：_____

项　目	评　价	很满意	满意	一般	不满意
餐　饮	服　务				
	餐饮质量				
	环境卫生				
住　宿	宾馆服务				
	设施设备				
	环境卫生				
游览参观	环境秩序				
	环境卫生				
行　车	司机服务				
	车　况				
	卫　生				
购　物	商店服务				
	商店管理				
	商品质量				
导　游	服　务				
	讲　解				

陪同签名：　　　　　　　　　　领队签名：

二、提前到达机场（车站、码头），照顾游客下车

地陪带团到达机场（车站、码头）必须留出充裕的时间。按照要求，出境航班提前 3 小时或按航空公司规定的时间；乘国内航班提前 2 小时；乘火车、轮船提前 1 小时。

旅游车到达机场（车站、码头）后，下车时，地陪要提醒游客带齐随身行李物品，并照顾游客下车，等游客全部下车后，再检查车内有无游客遗留的物品。

三、办理离站手续

目前大多数旅游团都是行李随旅行车同载，下车后请游客拿取各自的行李，然后带领游客进入机场（车站、码头）的大厅等候。地陪如有提前取好的票据，清点无误后交给全陪（无全陪的团交给领队），请其清点核实。如没有提前办理票据，地陪应协助游客持有效证件取票并办理行李托运等登机手续。

送国内航班（火车、轮船）时，地陪应协助办理离站手续；送出境旅游团时，地陪应在核实行李后，将行李交给每位游客，由游客自己办理行李托运手续，必要时可协助游客办理购物退税手续，并向领队或游客介绍办理出境手续的程序，将旅游团送往安检区域。

如旅游团有行李车运送行李，到达后地陪应迅速与旅行社行李员取得联系，将其交来的交通票据和行李托运单或行李卡逐一清点，核实后交全陪或领队，并请其当面清点核实。

当游客进入安检区域时，地陪应热情地与他们告别，并祝一路平安。旅游团过安检口进入隔离区后，地陪方可离开。乘机流程如图7-1所示。

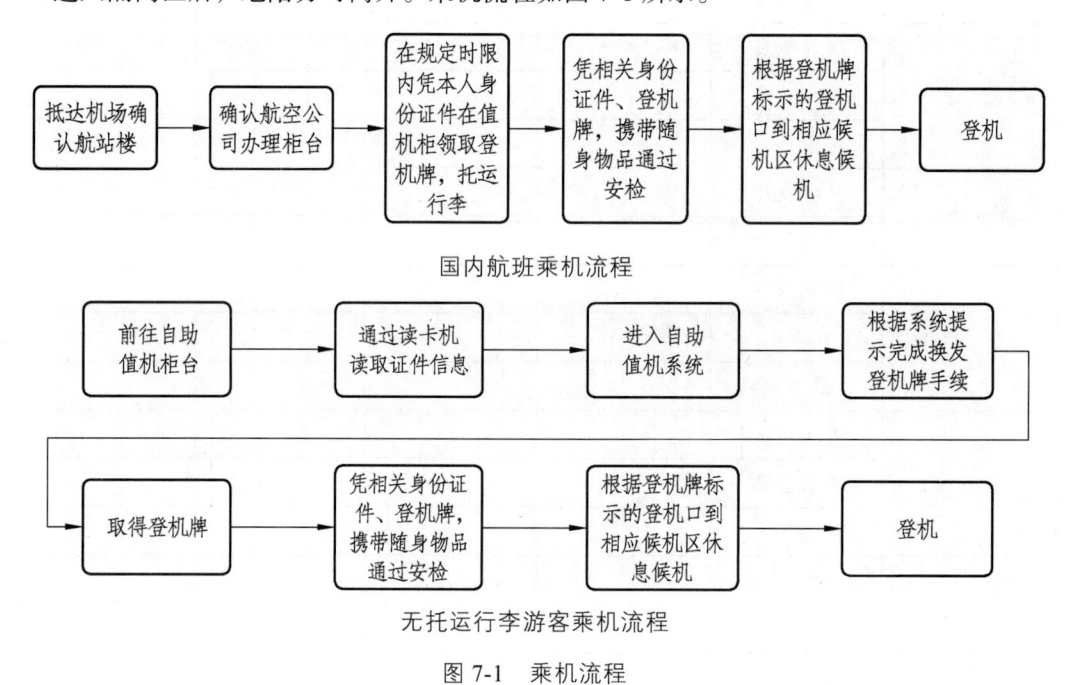

抵达机场确认航站楼 → 确认航空公司办理柜台 → 在规定时限内凭本人身份证件在值机柜领取登机牌，托运行李 → 凭相关身份证件、登机牌，携带随身物品通过安检 → 根据登机牌标示的登机口到相应候机区休息候机 → 登机

国内航班乘机流程

前往自助值机柜台 → 通过读卡机读取证件信息 → 进入自助值机系统 → 根据系统提示完成换发登机牌手续 → 取得登机牌 → 凭相关身份证件、登机牌，携带随身物品通过安检 → 根据登机牌标示的登机口到相应候机区休息候机 → 登机

无托运行李游客乘机流程

图7-1 乘机流程

四、与司机结账

送走旅游团后，地陪应按旅行社的规定与司机办理结账手续，或在用车单据上签字，并妥善保留好单据。

> **微语录**
>
> 欢送词是带团导游在结束了所有计划安排的景点游程后，在即将与客人告别之时所说的最后一段话。好的欢送词犹如一篇好文章的精彩结尾，会给游客留下长久的回味，为前面的导游讲解锦上添花。如果在游程中曾出现过这样或那样的遗憾和不足，也可以通过欢送词再次向客人表示歉意，以宽慰游客。任何不"词"而别或草率收场，都是对游客不礼貌、不负责任的行为。

【任务实践】

1. 致欢送词。

【欢送词范例】

虽然舍不得，但还是不得不说再见了，感谢大家几天来对我工作的配合和给予我的支持、帮助。我自问是一个有责任心的人，但是在这次旅游过程中，还是有很多地方做得不到位，大家不但理解我而且还十分支持我的工作，就是这些点点滴滴的小事情使我感动。也许我不是最好的导游，但是大家却是我遇见的最好的游客，能和最好的游客一起度过这难忘的几天这也是我导游生涯中最大的收获。作为一个导游，虽然走的都是一些自己已经熟得不能再熟的景点，不过每次带不同的游客却能让我有不同的感受。在和大家初次见面的时候我曾说，相识即缘，我们能同车而行即修来的缘分；而现在我觉得不仅仅是所谓的缘了，而是一种幸运，能为最好的游客做导游是我的幸运。也许大家坐上飞机后，我们以后很难会有再见面的机会，不过我希望大家回去以后和自己的亲朋好友回忆自己的甘肃之行的时候，除了描述大美甘肃如何风景秀美，丝路文化如何博大精深之余，不要忘了加上一句，在甘肃有一个导游小李，那是我的朋友！

最后，预祝大家旅途愉快，以后若有机会，再来甘肃会会您的朋友！

2. 请游客填写"旅游服务质量评价意见表"并收回，同时表示感谢。

组织游客填好旅游服务质量评价意见表，是导游在提供送站服务时要做的一件重要工作。导游要把意见表分发给游客，向他们简要地说明游客填写意见卡的用途和意义，请大家认真填写。要客观地面对自己工作中的优点和缺点，诚恳地征询游客对自己接待服务工作的意见和建议，要尊重和相信游客的观察力、判断力，不必刻意去做诱导或回避的工作。（见 YH 国际旅行社旅游服务质量评价表）

3. 提前到达车站，照顾游客下车。

该旅游团乘坐敦煌至西宁的动车。乘坐火车需提前 1 小时到达车站。

在大巴车即将抵达车站之前，地陪提醒游客带齐随身行李物品，准备好旅行证件。待到达高铁站后，全体旅游者下车后，地陪请司机师傅协助检查车内有无旅游者遗留物品。

YH 国际旅行社旅游服务质量评价表
Tourism services quality evaluation　　　Table　NO.

_____旅行社很荣幸接待您，希望您对我们的服务提出宝贵意见，在此深表谢意。祝您旅途愉快、身体健康、一路平安！

　　　　　　　　　　　　　　　　　　　　　　　　　总经理签名：

We, _____, feel honoured to be your host during your stay. You are kindly requested to give comments and suggestions on our service. We wish you a happy journey and good health!

Signature of the General Manager：

团名 Tour Code		国籍 Nationality		人数 No. of team	
导游姓名 Name of Guide		旅行社 Travel agency		司机 Name of Driver	

请您就以下各项给予评价 Please rate us on the following

项目	评价标准	优秀 Excellent	良好 Above Average	一般 Average	D 需 需要改善 Below Average
导游服务 Guide Service	着装仪表 Dress Instrumentation				
	语言水平 Language Proficiency				
	服务态度 Courtesy				
	安全提示 Safety Tips				
	购物安排 Shopping Arrangements				
汽车服务 Automotive Service	着装仪表 Dress Instrumentation				
	服务态度 Courtesy				
	汽车卫生 Automotive Hygiene				
	安全驾驶 Safe Driving				
餐饮服务 Dining Service	服务态度 Courtesy				
	就餐环境 Dining Surroundings				
	食物质量 Food Quality				
宾馆服务 Hotel Service	服务态度 Courtesy				
	清洁 Cleaning				
	设施 Facilites				

续表

项目		评价标准	优秀 Excellent	良好 Above Average	一般 Average	D 需 需要改善 Below Average
景区服务 Spots Area Service	服务态度 Courtesy					
	讲解质量 Explaination Quality					
	景区秩序 Order in Scenic Areas					
	设施 Facilites					
其他 意见 Other Comments						

投诉电话（Telephone complaints）：0931-8826××× Date： 年 月 日
客人（代表）签名： 联系电话： 地址：
Signature： Tel： Add：
说明：本表一式二份，地接社、组团社各持一份。

甘肃省旅游局旅游质量监督管理所制
Made by Tourism Quality Supervisory Auth Orities of GanSu Provincial Tourism Administration

4. 办理离站手续。

送旅游团到高铁站，地陪导游一般不进站（除了计划中有备注）。在检票口与客人友好告别，并祝他们一路平安。送站时等客人全部检票进站后，一般习惯等待 15 分钟左右离开，以防有游客落下东西或有其他事情。

5. 与司机结账。

送走旅游团后与旅游车司机师傅结账，在用车单据上签字。

YH 国旅用车签章　　　No 0000353

团号：	车队名称：	用车于 年 月 日接团	
用车车型：	司机姓名：	年 月 日接团	第一联留存　第二联结算
用车车型：	联系电话：	行程有无变更或增减：	
详细行程			
车费已付金额：		车费未付金额：	
司机签字：	导游签字：	签章时间： 年 月 日	
备注：①此单须与我社计调部车辆预订单传真相符合方可生效；②车辆运营过程中无任何投诉，且服务达标；③车辆所有对旅行社及旅游者的标准应当严格执行《包车客运合同书》及《旅游行业游客服务基本标准》			

【典型案例】

啰唆的欢送词

导游小王是这次丝绸之路五日游团队的地陪，此团一路上磕磕碰碰，虽然出了一些小问题，但总算有惊无险。在去敦煌飞机场的路上，小邱开始致欢送词，想起这些天发生的事感慨，于是口若悬河地讲起自己带这个团的心情、游客们的表现，等等。正当他讲得起劲时，突然有个声音冒出来："导游你不是说就说两句话吗？你啰唆了快10分钟啦！"小邱非常尴尬，赶紧结束了欢送词，心里也很委屈。

【分析】

本案例中，小王想通过致欢送词表达自己一个团走下来的心情，原本想和游客产生共鸣，没想到自己尴尬不已。小王错在没意识到这个团是一个行程不完全顺利的团，游客本身有一定的情绪，他的欢送词应该侧重游客对自己工作的理解和支持，而不是没边际的滔滔不绝。

致欢送词是地陪导游又一次情感的集中表达，可以进一步加深与游客之间的感情，也可以为整个接待服务锦上添花，或者对导游接待服务中的失误和不如意的地方进行弥补。一般来说，致欢送词应把握以下细节：

1. 回顾旅游活动，感谢游客的合作与支持。
2. 表达友谊和惜别之情。
3. 诚恳征求游客对接待工作的意见和建议。
4. 若在旅游活动中有不顺利或服务不尽如人意之处，再次向游客表示真诚的歉意。
5. 表达美好祝愿。

【技能提升】

情景模拟：以小组为单位，模拟地陪导游致欢送词，并请游客填写"旅游服务质量评价意见表"，课前准备好欢送词。

情景模拟：以小组为单位，分别扮演地陪导游、全陪、游客、机场行李托运、安检等岗位人员，模拟在机场办理离站手续的情景。

【知识检测】

◆ 单选题

1. 旅游团行李集中后，地陪应与领队、全陪一起与饭店行李员办理行李交接手续，填写（   ）。
   A. 行李托运卡　　B. 行李交运卡　　C. 行李委托卡　　D. 行李保险卡

2. 送走旅游团后，地陪要与司机办理（   ）。
   A. 用车手续　　B. 结账手续　　C. 交接手续

3. 某旅游团计划乘 16：00 的航班离开北京飞往香港，地陪小唐应在（　　）之前将该团送到机场。

　　A. 13：00　　　　　B. 13：30　　　　　C. 14：00　　　　　D. 14：30

4. 地陪送旅游团出境，通常应提前（　　）抵达机场。

　　A. 半小时　　　　　B. 1 小时　　　　　C. 2 小时　　　　　D. 3 小时

5. 地陪送国内旅游团赴机场，通常应提前（　　）抵达机场。

　　A. 0.5 小时　　　　B. 1 小时　　　　　C. 1.5 小时　　　　D. 2 小时

6. 旅游团抵达机场（车站、码头）后，地陪要将行李员送来的交通票据和行李托运单清点无误后交给（　　）。

　　A. 全陪　　　　　　B. 领队　　　　　　C. 团长　　　　　　D. 旅游者

7. 送出境旅游团时，地陪在同领队、全陪与行李员交接完行李后应将行李移交给（　　）。

　　A. 领队　　　　　　B. 团长　　　　　　C. 游客　　　　　　D. 接机人员

8. 送出境旅游团离境，地陪应在（　　）方可离开机场。

　　A. 与游客告别后　　　　　　　　　　　B. 游客进入安检区后
　　C. 游客办完出境手续后　　　　　　　　D. 游客所乘飞机起飞后

9. 致完欢送词，地陪可将"旅游服务质量评价意见卡"分发给游客填写，如游客带回填写应向其说明（　　）。

　　A. 邮资总付　　　　B. 邮资自付　　　　C. 邮资未付　　　　D. 邮资已付

◆ 多选题

1. 地陪在送别游客时所致欢送词的主要内容有（　　）。

　　A. 回顾游客在本地的主要旅游活动　　　B. 对全陪、领队和游客的合作表示感谢
　　C. 向游客表达友谊与惜别之情　　　　　D. 对工作中的不足之处向游客赔礼道歉
　　E. 表达美好的祝愿，欢迎再度光临

2. 当旅游车到达机场（车站、码头）后，地陪应做好的工作有（　　）等。

　　A. 协助游客下车　　　　　　　　　　　B. 发放服务质量征求意见卡
　　C. 热情地与游客话别　　　　　　　　　D. 将交通票与行李托运单交给全陪
　　E. 请全陪填写旅游团和自己在本地各项费用的单据

3. 送站服务是地陪导游服务的最后一环，包括（　　）等项内容。

　　A. 送站前服务　　　　B. 结账服务　　　　C. 离店服务
　　D. 送行服务　　　　　E. 善后服务

【项目评价】

表7-2 自我评价

序号	任务	评价等级			
		A	B	C	D
1	我已熟悉送行前的工作				
2	我会按流程进行离店服务				
3	我会致欢送词				
4	我能做好离站送行服务				

（评价等级：A为优秀；B为良好；C为一般；D为有待进步）

表7-3 综合评价

评价要素	评价标准	自我评价	小组评价
学习态度	按时出勤、无迟到早退现象； 积极主动学习，有进取心； 学习目标明确，按时完成学习任务； 学习兴趣浓厚，求知欲强，养成自主学习的能力		
语言表达	能围绕主题，突出中心，语言得体； 表达有条理，语气、语调适当； 发音准确，吐字清晰，用词贴切，表情恰当，富有感染力		
应变能力	敢于提出问题，发表个人意见，提高口头表达和应变能力		
合作意识	能与同学共同学习，共享学习资源，互相促进，共同进步； 积极参与讨论与探究，乐意帮助同学； 在小组学习中主动承担任务		
探究意识	积极思考问题，提出解决问题的方法，有创新意识； 勤于积累，善于探索，思维活跃，反应灵敏		
情感态度	努力发展自己的潜能，能认识自我的优缺点； 遵守国家信息使用安全规范，明辨善恶		
信息化能力	会使用搜索引擎查找资料； 能够从搜索信息中筛选所需信息并分析归纳整理； 会使用办公软件处理文档，利用社交媒体进行交流学习		
综合评价	自我评价等级：	签名： 年 月 日	小组评价等级：	签名： 年 月 日

续表

评价要素	评价标准	自我评价	小组评价
教师评价	激励性评语： 签名： 　　年　月　日		

（评价等级：A 为优秀；B 为良好；C 为一般；D 为有待进步）

【知识拓展】

送站服务的注意事项

一、注意时间

导游对时间的把控要从了解游客的心理变化入手。游程临近结束的时候，游客的心理已经悄然发生了变化，他们开始更多地沉浸于归途的准备，对于导游的引导和提示，往往没有先前那样重视了，因而容易引发各种失误，影响预定计划的实施。导游要适应和掌握游客的心理变化，有针对性地做好工作。在送别游客的前一天下午，导游要妥善安排游客当天的活动，晚上一般不安排活动，要在时间、精力上为游客留有适当的余地，为他们准备行装提供良好条件。晚上分别之前，导游要将第二天集合的时间、地点和注意事项准确、完整地告诉游客。为了保证不留死角，导游应逐个房间走一遍，当面向每位游客交代清楚，同时可提示游客早一点儿休息，保证第二天有良好的体力和精神。早晨集合的时间可以适当提前，为游客办理离店手续留出足够的时间。导游要提前到达酒店，协助游客办理离店手续，做好出发前的准备工作。

二、确认行李、协助客人结清账目

导游在最后一天的工作计划中，要把协助游客确认行李和与酒店结清账目两件大事列为重中之重，予以高度重视和妥善处理。游客的行李在托运之前，要集中放置到酒店大堂。行李集中之后，导游要请游客查验一遍，在他们对自己要托运的行李进行确认的同时，请领队进行确认。清点过游客的行李之后，导游要将行李与司机进行交接。在行李装车的时候，导游要到现场，再一次清点并核实行李的数目，以保证不出差错。游客在离开酒店之前，要和酒店结清个人消费的账单。导游应在前一天晚上提醒游客检查一下自己有无尚未结清的账单，协助游客在离开酒店之前提前付清这些账单。游客容易遗忘的账单，多是一些金额较小的消费，如电话费、洗衣费、客房点餐费以及其他记账消费的费用。游客不付清这些费用，是不能离开酒店的。导游要注意在酒店和游客之间进

行沟通，及时提醒游客，避免临行前由于个别游客忘了结账而耽误了团队的出发时间。

三、提醒游客随身带好贵重物品、护照及其他证件

导游应把送别游客的工作做得细致入微，在交代注意事项的时候，除了提醒游客注意准确掌握集合的时间、付清酒店的账单以及查验托运的行李外，还要特别提醒游客注意一定要将护照等证件、机票（车、船票）随身携带、妥善保管，尤其是对一些缺乏旅游经验的游客，要格外予以强调。导游要特别注意防止出现个别游客由于不明情况或粗心大意而将护照等证件、机票装进行李托运走了的事情。为此，导游在游客离开酒店之前，要有意识地来一个"回马枪"，再一次提示游客认真检查一下自己是否带齐了所有的物品，有没有遗忘什么。对于有些习惯随身携带贵重物品的游客，导游也要特别提醒他们提高警惕，妥善保管好自己的财物。

掌握致欢送词的要点

一、欢快愉悦地游览回忆

导游怎样才能把旅程中美好的经历说得更有分量、更能撩拨人心，是需要认真揣摩和推敲的。导游可以选择游览观光过程中最精彩动人的场面进行回顾，重提和游客一起度过的那些值得回忆的宝贵时光，勾起他们的美好回忆，营造出依依惜别的感情氛围。不同游客，感兴趣的事情也不同，导游要尽可能照顾到游客的不同兴奋点，使每一位游客都能体验到参加旅游活动获得的成就感，都能在导游的欢送词中感受到一份对自己的回忆和祝福。游客此时即将踏上回程旅途，他们可能有着不同的心情，对这段旅游生活以及导游的接待服务工作可能有着不同的认识和评价，导游要有效地利用致欢送词的形式，表达自己的送别之情，用一种积极友善的感情气氛感染游客，使感觉满意的游客能够留下更深一层的美好记忆，使感觉不满意的游客能够多一分谅解和宽容，使留有遗憾的游客能够暂时抛开苦恼，使大家在旅途中能够拥有一个好心情。

二、真实诚恳的工作总结

导游所致的欢送词要使用浪漫主义和现实主义相结合的手法。欢送词除了要营造和送别相适宜的感情氛围，还要简要回顾和总结几天来的旅游活动。导游在欢迎词中对游客所做出的各项承诺是否已经兑现，旅游接待计划中安排的各项活动实际执行得怎样，此时此地均需要面对游客坦率真诚地做出陈述。导游在带团过程中出现一些问题是在所难免的，要积极、正确地面对这些问题。欢送词不应该报喜不报忧，对已经发生的问题也不必回避，可以向游客如实做一点解释，要善于做自我批评；同时也要注意把握分寸，不要破坏了送别气氛的主旋律，说什么不说什么，什么多说什么少说，怎样来说，要认真选择和安排妥当。对于自己在接待服务工作中的不足之处，以及由此可能给游客带来的种种不便，导游要利用致欢送词的机会向游客表示由衷的歉意，恳请游客的谅解。同

时，导游要以自己和司机的名义，对全体游客在几天的游程中对接待工作的理解和支持，对从游客身上学到的品格和知识以及所受到的启发，表示衷心的感谢。

三、自我评价的职业记录

导游的欢送词既是为游客做的，又是为自己做的，它包含着导游对自己接待服务工作的自我评价，是一份应该认真做好的职业记录。导游对于致欢送词，不仅要重视效果，而且要重视准备过程。欢送词致得好不好，不只是经验和技术的问题，它还从一个方面反映出了导游整体的职业水平和工作效果。导游的接待服务工作如果做不好，欢送词是无论如何也做不好的。因此，导游致欢送词时，要从今后更好地做工作的高度着眼，总结过去，展望未来。

项目八

后续工作

项目引言

送走旅游团后,地陪还需要做好游客的善后服务以及旅行社要求的陪团结束后的有关工作。前者关系到地陪的接待工作是否有始有终,后者则涉及地陪对旅行社交付的工作是否圆满。

任务导图

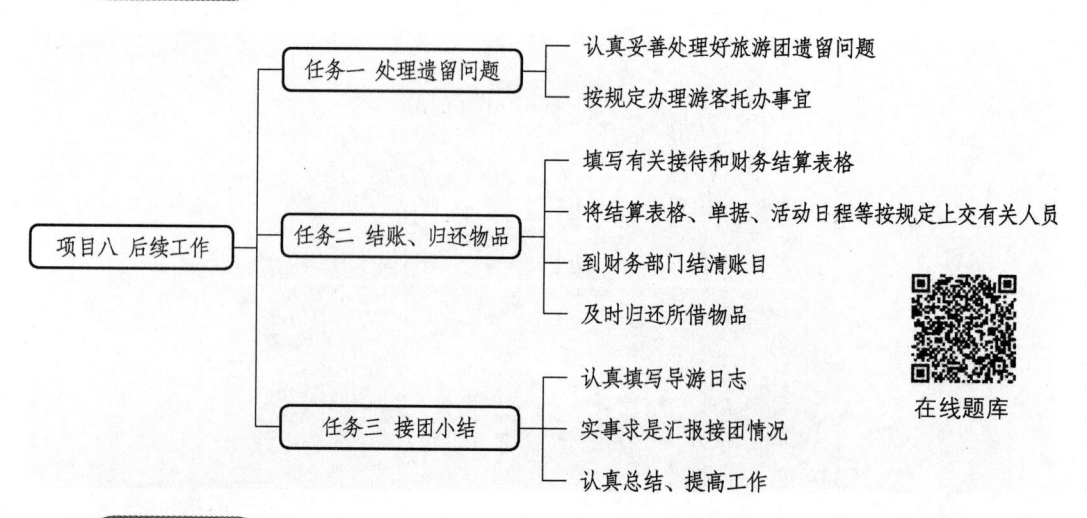

- 项目八 后续工作
  - 任务一 处理遗留问题
    - 认真妥善处理好旅游团遗留问题
    - 按规定办理游客托办事宜
  - 任务二 结账、归还物品
    - 填写有关接待和财务结算表格
    - 将结算表格、单据、活动日程等按规定上交有关人员
    - 到财务部门结清账目
    - 及时归还所借物品
  - 任务三 接团小结
    - 认真填写导游日志
    - 实事求是汇报接团情况
    - 认真总结、提高工作

在线题库

学习目标

知识目标：

熟悉地陪导游后续工作的主要内容和要求。

能力目标：

1. 能认真妥善地处理旅游团遗留问题。
2. 能及时总结带团经验，不断提升工作能力。

项目情景

时间：6月26日。

地点：YH国际旅行社。

人物：地陪小李、旅行社工作人员。

事件：旅游团送走后，地陪根据情况妥善处理遗留问题，按旅行社要求结清账目，及时总结带团经验，不断提升自己。

任务一　处理遗留问题

【任务描述】

任务内容	成果形式	完成单位
2人一组模拟地陪导游和游客要求代为转递物品的情景	现场展示	小组
按照旅游团实际情况，认真妥善地处理旅游团遗留问题，并完成本节课"任务实践"中相关内容	文本	个人

【知识储备】

地陪下团后，应认真、妥善地处理好旅游团的遗留问题，按有关规定办理游客托办的事宜，必要时请示领导后再办理。一般情况下，旅游团遗留问题以转递物品较为常见。

游客要求旅行社和导游人员帮助其向有关部门或亲友转递物品时，导游人员应视具体情况按相应规定和手续办理。

一般情况下，导游人员应建议游客将物品亲手交给或邮寄给接收部门或接收人，若确有困难可予以协助。转递物品尤其是转递重要物品，或向外国驻华使、领馆转递物品，手续要完备。

导游人员协助时，须问清转递的是何种物品。若是应交税物品，应促其纳税。若是贵重物品，导游人员一般要婉拒，无法推托时，要请游客书写委托书，注明物品名称和数量并当面点清，签字并留下详细通信地址；接收人收到物品后要写收条并签字盖章；导游人员将委托书和收条一并交旅行社保管。

游客要求转递的物品中若有食品，导游人员应婉言拒绝，请其自行处理。

外国游客要求导游人员帮助将物品转递给外国驻华使、领馆及其人员，导游人员应建议其自行办理，但可给予必要的协助；若游客确有困难不能亲自去送，导游人员应详细了解情况并向旅行社领导请示，将转递物品交旅行社，由其转递。

【任务实践】

1. 撰写委托书。

转交物品委托书（范例）

现委托_____将下列物品转交_____。转交物品：_____，颜色：_____；型号：_____；规格：_____；数量：_____。

委托人：_____；电话：_____。

20××年××月××日

收条（范例）

今收到_____转交的_____，共_____件，包装完好无损。

×××

20××年××月××日

2. 现场情景模拟。

> 情景模拟：某游客给敦煌的朋友带了一件礼品，但不巧的是朋友出差在外，特委托导游转递物品。2人一组模拟地陪导游该如何规范正确处理。

【典型案例】

游客让我转交物品

导游小徐正和司机、全陪商量明天早晨送机的时间，张先生来找小徐。原来张先生是杭州人，此次来重庆旅游顺便看望大学同学王先生，没想到这几天王先生一家都去北京了，要后天才能回来。张先生想请小徐帮忙把他从杭州带的两盒西湖龙井茶叶转交给王先生。小徐看着张先生为难的表情，又询问了这两盒茶叶大约100元钱，不忍拒绝，就答应了张先生，并让张先生把王先生的地址、联系电话以及茶叶的品牌、数量、价格写清楚。下团后，小徐与旅行社的一位同事一起把茶叶转交给了王先生，并让王先生写了收条。事后小徐还给张先生打电话告诉他东西已经转交，并把收条交给了旅行社。

【分析】

下团后，地陪应认真处理好旅游团的遗留问题。按有关规定办理好旅游者临行前委托代办的事情，必要时需请示领导后再办理。本案例讨论的是导游如何在下团后处理转交游客的物品。

如果游客提出转交贵重物品的要求，导游首先要婉言拒绝，若实在推脱不了的要请示旅行社后方可接受。一旦接受游客的请求，导游在具体操作的过程中，要把握几个细节：

1. 要请游客写出委托书，并把贵重物品的数量、规格、价格写清楚并签名。
2. 要请游客写清本人的详细地址、收件人的地址、联系方式等。
3. 转交的物品若是应税物品让其纳税。
4. 如找到收件人，导游要请收件人清点、写收条和签字。
5. 最后把游客的"清单"以及收件人的收条一并交给旅行社保管。同时导游最好将这些字据复印一份留给游客。

本案例中，小徐在得知茶叶不是很贵的情况下答应了帮游客转交东西，而且在具体转交的细节方面做得还是比较到位，譬如让张先生写清转交物品的事宜与旅行社的同事一起转交茶叶，这样就有了"证人"；茶叶转交后让王先生写了收条就有了"证据"，以免日后有问题；最后事情办完后告知张先生，说明小徐还是很细心。

【技能提升】

情景模拟：以小组为单位，扮演地陪导游和游客，模拟代为转递物品的情景。

【知识检测】

◆ 单选题

地陪下团后，应认真、妥善处理好（　　）。

A. 旅游团遗留的问题　　　　　　B. 游客的意见和建议
C. 游客对服务的投诉　　　　　　D. 全陪的意见与建议

◆ 多选题

地陪在送走旅游团后，应做好的善后工作主要有（　　）等。

A. 领受新的接待任务　　B. 处理遗留问题　　C. 到财务部门结账
D. 做好接团小结　　　　E. 上交接团过程中发生的各种票单

任务二　结账、归还物品

【任务描述】

任务内容	成果形式	完成单位
2人一组模拟地陪导游在旅行社领取接团计划等资料的情景	现场展示	小组
按照接团计划要求，熟悉接待计划各项内容，在记事本上做记录，并完成本节课"任务实践"中相关内容	文本	个人

【知识储备】

地陪要按旅行社的具体要求在规定的时间内，填写清楚有关接待和财务结算表格，连同保留的单据、活动日程表等按规定上交有关人员，并到财务部门结清账目。

地陪应提交导游日志及旅游服务质量评价表，并及时归还在地接社里所借物品。

【任务实践】

一、检查报账票据

地陪导游检查团款支出项是否有正式发票或相关凭据；检查发票票头是否填写准确，是否符合公司财务报销制度；检查各项支出是否符合发团前的预算标准。

团款支出缺乏正式发票或相关凭据，属导游私下决策的，原则上旅行社不予报销；

支出超出标准的，由导游出具书面说明。

二、填写报账单

按照旅游接团计划，结合带团实际支出，填写下列报账单（见表 8-1）。

三、粘贴票据，报账

按照旅行社财务部门的有关规定，粘贴票据，填写结账单，在规定的时间内（下团后，三天内）结清该团账目。

四、需归还的物品

资料：发票、结算单、签单、委托书、收条、门票存根等。
表单：团队行程执行情况报告、团队额外旅游消费和购物情况报告。
物品：接站牌、导游旗、扩音器等。

表 8-1　YH 国际旅行社报账信息记录

项　　目	内　　容	备　注
日　　期		
团　　号		
导　　游		
司　　机		
车　　费		
景区首道门票		
其他收入		
其他支出		
报账金额总计		
导　服　费		
应　退　款		
导游签字		

计调: 部门经理:	
报销凭证截图	报销凭证截图

【典型案例】

导游也要会理财

每次下团回旅行社结账对导游小秦来说都是一件痛苦的事,一堆票据、签单算的他头晕,而且很少一次就能算得准、对上账,以致旅行社的会计总批评他。每到这时小秦都很委屈道:"我又不是学会计的,我对数字不敏感,让我再算一遍吧!"

【分析】

地陪下团后,应按照旅行社的财务规定及时填写有财务结算的表格,连同保留的各种单据、接待计划、活动日程表等按规定上交有关人员,并到财务部门结清账目。

小秦的经历可能很多导游都碰到过,尤其是刚上团的新手。好导游要讲得好、做得好,还要会算账。除了在带团时要养成良好的理财习惯,把账及时、准确地结算完,还有一些细节可供参考。例如:

1. 准备一个有很多夹层的专用包,每个夹层贴上标签分门别类,如接团计划、现金、景点签单、餐饮签单、门票、发票、交通票据等。

2. 团款最好不要放在一个地方,提前算好第二天的费用放到专用包里。

3. 每天睡前将这一天的花费做一个小计,一个团下来就是一张完整的报账单。

4. 将团款和个人钱财分别放置,不要混淆。

5. 导游之间或导游与游客之间有借款等情况出现,写好凭据,妥善保管。

【技能提升】

动手实践:根据旅行社结算表格,结合带团实际,填写报账单。

情景模拟:模拟地陪导游、旅行社工作人员,并模拟地陪导游报账,旅行社工作人员审核账单的情景。

【知识检测】

◆ 多选题

1. 送走旅游团后，地陪应按旅行社的具体要求在规定的时间内到财务部门结账，将（　　）上交有关人员。
   A. 有关接待和财务结算表格　　B. 旅游接待计划　　C. 接待中保留的单据
   D. 旅游服务质量评价意见表　　E. 活动日程表

2. 下列物品中，地陪送走旅游团后应将（　　）提交旅行社。
   A. 购票收据　　B. 结算单　　C. 支票存根
   D. 门票存根　　E. 陪同日志

任务三　接团小结

【任务描述】

任务内容	成果形式	完成单位
假设地陪导游在带团实践中遇到了游客突发心脏病的事件，旅游团结束后，就此突发事件向领导汇报接团情况	现场展示	小组
按照后续工作要求，做好接团小结，并完成本节课"任务实践"中相关内容	文本	个人

【知识储备】

地陪应养成每次下团后总结本次出团工作的良好习惯，认真填写导游日志、实事求是地汇报接团情况，尤其是突发事件。这样既有利于地陪业务水平的提高，又有利于旅行社及时掌握情况，发现不足，以便不断提高接待质量。

自身原因导致接团中出现问题的，要认真思考，积极调整，总结提高。涉及相关接待单位，如餐厅、饭店、车队等方面的意见，地陪应主动说明真实情况，由旅行社有关部门向这些单位转达游客的意见或谢意。涉及一些游客意见较大或比较严重的问题时，地陪要整理成书面材料，内容要翔实，尽量引用原话，并注明游客的身份，以便旅行社有关部门与相关单位进行交涉。若发生重大事故，应实事求是地写出事故报告，及时向地接社和组团社汇报。

【任务实践】

根据带团实际，认真填写导游工作小结，实事求是地汇报接团情况。

导游工作小结

出团日期		团号	
人数		目的地	
带团小结	（带团主要情况、存在问题及改进方向）		
计调初审意见	（团队操作情况、存在问题及改进方向）		
总经理审核意见	（总体评价）		

【典型案例】

抓住契机，争取客源

老赵是北京某旅行社的一名老导游，回忆起自己曾经带过的一个团队，至今记忆犹新。

"记得有一次我接待了一个来自马来西亚的团，这个旅游团比较特殊，团里的成员在当地属于那种'先富裕起来'的人。这些人见多识广，经常会提出一些比较棘手的问题和要求，要让他们满意不太容易，但是旅行社又不愿意失去这样一个不错的客源，因此希望由我来接待这个团。"

"这个团果然'名不虚传'，接团的第一天就给我来了一个下马威。一出机场，游客们见到来接他们的车是一辆依维柯，立刻七嘴八舌地开始抱怨。我自然要把公司的接待制度和规则向他们解释一番。可是游客说：我们并不是要求坐那种大型车，考斯特就可以嘛。我一看，游客们一个个身材宽大，人数又和依维柯的座位相等，加上行李坐起来确实有诸多不便；我们的考虑有所欠缺，游客提出换车的要求也属合理。但是那天正好是周末，我到哪里去换考斯特呢？于是只好用心做团长的工作，先稳住阵脚，再想办法，明天尽可能换一辆大一点儿的车。吃饭的时候，我见服务员忙不过来，便主动为游客服务。虽是端茶倒水的小事，但是我做得真诚利索，游客的态度也随之缓和了许多，并催我去吃饭。换车的事情我一直记挂在心里。吃饭时就用手机向公司汇报。晚上，我陪着公司领导看望了这批游客，满足了他们的要求。事后他们笑着对我说：'你知道吗？如果你不给我们换车的话，大家已经商量好了，准备第二天集体拒绝上车，看你怎么办！'我心里明白，换不换车是小，游客们实际上是在检验我对他们是不是有足够的尊重和重视。"

"在以后几天的游览中，我和这批游客渐渐熟识起来。他们果然'挑剔'，一些在我们看来属于正常的事情，他们却不能理解。比如：酒店的房间有大有小，楼层有高有低，有人就要问：为什么我们交一样的钱，而他住的房间和我的不一样？还有诸如为什么老是坐小飞机。是不是因为价格便宜一类的问题，很影响人的情绪。于是，我一有时间就和他们聊天，让他们对中国有更多的了解，并在服务上尽可能做到细心、周到。虽然后来出现了一些小问题，但是经过我的冷静处理，终于圆满解决了。临走前团里的游客有的说要给我小费，我当时笑着说：'小费就免了，听说你们下半年还要来中国考察，那就还来我们旅行社，我乐意成为大家的导游，陪大家看看中国其他的城市！'"

"那个团回国以后，对我的评价相当好。3个月后这个团果然来中国了，点名由我们旅行社接待。在以后的两年中，这个团又先后3次来中国旅游，相同的游客，不同的线路，这个团的导游自然非我莫属。"

【分析】

一个好的导游，不仅能带好一个团，而且要通过这个团良好的口碑效应带来更多回头客。回头客的产生有多方面的原因，然而对企业服务接待工作和导游人员的服务质量、职业道德等方面的看重是相通的。

导游人员的经济作用体现在扩大客源、间接创收上，注重"口头宣传"。回头客的产生，在很大程度上取决于导游的工作质量，在其他条件相同或相近的情况下，导游的职业道德和他在游客身上的用心、投入程度，在服务细节上的用心程度，往往是赢得游客认同的关键。

【技能提升】

情景模拟：以小组为单位，分别扮演地陪导游和旅行社计调人员，模拟地陪向计调人员汇报接团情况的情景。

【项目评价】

表8-2　自我评价

序号	任务	评价等级			
		A	B	C	D
1	我能根据规定妥善处理游客遗留问题				
2	我会根据旅行社要求进行报账				
3	我能及时总结带团工作，不断提升自己				

（评价等级：A为优秀；B为良好；C为一般；D为有待进步）

表 8-3　综合评价

评价要素	评价标准	自我评价	小组评价
学习态度	按时出勤、无迟到早退现象； 积极主动学习，有进取心； 学习目标明确，按时完成学习任务； 学习兴趣浓厚，求知欲强，养成自主学习的能力		
语言表达	能围绕主题，突出中心，语言得体； 表达有条理，语气、语调适当； 发音准确，吐字清晰，用词贴切，表情恰当，富有感染力		
应变能力	敢于提出问题，发表个人意见，提高口头表达和应变能力		
合作意识	能与同学共同学习，共享学习资源，互相促进，共同进步； 积极参与讨论与探究，乐意帮助同学； 在小组学习中主动承担任务		
探究意识	积极思考问题，提出解决问题的方法，有创新意识； 勤于积累，善于探索，思维活跃，反应灵敏		
情感态度	努力发展自己的潜能，能认识自我的优缺点； 遵守国家信息使用安全规范，明辨善恶		
信息化能力	会使用搜索引擎查找资料； 能够从搜索信息中筛选所需信息并分析归纳整理； 会使用办公软件处理文档，利用社交媒体进行交流学习		
综合评价	自我评价等级	签名： 　　年　月　日	小组评价等级	签名： 　　年　月　日
教师评价	激励性评语： 签名： 　　年　月　日		

（评价等级：A 为优秀；B 为良好；C 为一般；D 为有待进步）

【知识拓展】

一、调整心理

导游带团结束后的心理调节

导游在下团以后，往往要经历一个调整过程。导游在带团的时候，每天要处理许多复杂的问题，全神贯注于游客和接待服务工作，承担着多种压力，要思考大量问题，体力和精力消耗都比较大，但是自己往往并不能觉察。一旦送走游客，环境改变，压力消失，导游会马上感觉到先前隐匿起来的种种不舒服，形成一种比较大的反差。这时，导游通常会感觉精力集中不起来，脑子也突然不灵光了，仿佛陷入了带团时经历的种种事情和节奏不能自拔。导游的自我调整要从每一天结束工作以后做起，而不必等到送走旅游团之后再做。利用工作的间隙，充分休息，恢复体力；同时也可以尝试着做一些自己喜欢的事情，转移精力，放松精神。结束一天的工作来一次小调整，送走一个旅游团来一次大调整；一边恢复体力，一边调节心理和情绪。

二、总结经验

导游的总结工作应该从两个方面着手，不仅要做自我总结，而且要找行家做咨询。要把接待服务工作中遇到的重要事情摆出来做分析，哪些事情做得让游客满意，取得了成功，原因是什么；游客对哪些事情还不满意，引发不满意的是客观原因，还是主观原因。导游做总结要主动听取同行的意见，要善于从别人的评价中找到问题的症结，发现自己的不足。

三、再接再厉

导游的工作总是周而复始的，送走了一个旅游团，又来了另一个旅游团。导游在刚开始带团的时候，容易感到身心疲劳和不适应，希望带过一个旅游团之后适度休息调整一段时间，这也是正常的。另外，导游要树立"连续作战"的精神，当工作需要的时候，能够做到连续带团。导游连续带团是快速提高自己综合素质的好途径，可以尽快使导游在身体方面、职业技能、职业道德和带团经验方面，都取得比较大的进步。

附 录

《导游服务规范》(GB/T 15971—2023)

1 范围

本文件规定了导游服务能力要求、导游服务要求、入出境导游服务特别要求、突发事件和常见问题的处理以及导游服务质量评价与改进。

本文件适用于取得中华人民共和国导游证的人员在接待旅游者过程中提供的服务。

2 规范性引用文件

下列文件中的内容通过文中的规范性引用而构成本文件必不可少的条款。其中,注日期的引用文件,仅该日期对应的版本适用于本文件;不注日期的引用文件,其最新版本(包括所有的修改单)适用于本文件。

GB/T 16766 旅游业基础术语

GB/T 31385 旅行社服务通则

GB/T 31386 旅行社出境旅游服务规范

LB/T 028 旅行社安全规范

LB/T 039 导游领队引导文明旅游规范

3 术语和定义

GB/T16766、GB/T31385 界定的以及下列术语和定义适用于本文件。

3.1 组团社 organizing travel agency

从事招徕、组织旅游者,与旅游者订立旅游合同的旅行社。

3.2 地接社 local travel agency

接受组团社委托,实施旅游接待计划,在旅游目的地接待旅游者的旅行社。

3.3 导游 tour guide

提供向导、讲解及相关旅游服务的人员。

注:导游包括全陪导游、地陪导游和领队。

[来源:GB/T31385—2015,3.9,有修改]

3.3.1 全陪导游 national guide

监督并协助地接社、地陪导游及相关接待者的服务,以使组团社的旅游接待计划得以按约实施,为旅游者提供境内全程陪同导游服务的人员。

[来源:GB/T 16766—2017,4.1.7.1,有修改]

3.3.2 地陪导游 local guide

实施旅游接待计划,在境内旅游目的地为旅游者提供导游服务的人员。

3.4 导游服务 tour guide service

提供向导、讲解及迎接送行、交通、住宿、用餐、游览、购物、文化娱乐等相关旅游服务。

4 导游服务能力要求

4.1 思想素质

4.1.1 热爱祖国，践行社会主义核心价值观。

4.1.2 恪守职业道德，爱岗敬业，坚持游客为本，服务至诚。

4.1.3 秉承契约精神，按合同的约定提供导游服务，维护旅游者和旅行社的合法权益。

4.2 技术技能

4.2.1 语言能力

4.2.1.1 应具备良好的语言表达能力，熟练运用相应语种提供导游服务。

4.2.1.2 应有使用礼貌语言意识，合理使用体态语言。

4.2.1.3 应熟练掌握讲解语言技巧，做到正确、清楚、生动、灵活。

4.2.2 接待操作能力

4.2.2.1 应具备独立工作能力，代表旅行社履行合同义务，完成旅游接待任务。

4.2.2.2 应具备人际交往能力，身心健康，与旅游者相处融洽，善于协调、处理与相关接待者、旅游者之间的关系。

4.2.2.3 应具备按照 LB/T039 的要求引导旅游者文明旅游的能力，引导旅游者节约资源，保护生态环境。

4.2.2.4 应具备旅游突发事件防范和应急处置能力，按照 LB/T028 的要求进行安全提示和监督。

4.2.3 信息技术应用能力

4.2.3.1 应熟练掌握移动通信终端与导游服务相关应用软件的使用方法，包括社交、通信、移动办公等软件。

4.2.3.2 能够协助旅游者通过移动互联网进行产品预订，定位导航，信息咨询、服务评价等活动。

4.3 业务知识

4.3.1 应掌握旅游客源地和旅游目的地相关的法律法规常识、时事政治、经济、社会状况、历史、地理、文化和民族民俗知识以及心理学、美学知识。

4.3.2 应掌握旅行常识，包括旅行证件知识，领事保护知识、客货运知识、机票政策、海关及移民管理机关规定和必备的应急医疗常识等。

4.3.3 宜掌握旅游产品策划、线路设计方面的专业知识。

4.4 职业形象

4.4.1 应仪表端庄，着装整洁、大方、得体。

4.4.2 应表情稳重自然、态度和蔼诚恳、富有亲和力，言行有度，举止符合礼仪规范。

5 导游服务要求

5.1 准备工作

5.1.1 熟悉计划

接待旅游者前，导游应熟悉旅游接待计划及相关资料，掌握旅游者的基本情况、旅游行程安排、特殊要求和注意事项等细节内容，注意其重点和特点。

5.1.2 物品与资料准备

导游应做好证件、票据、导游旗等资料物品的准备，并检查导游旗旗面印制的旅行社名称、标志或产品名称，确保字迹清晰、易辨识，无违背公序良俗的文字、符号或图案。导游接收旅游者资料时应做好核对登记，以确保旅游者的相关资料和票据是适宜和可用的。资料交接记录应予保存。

5.1.3 知识准备

导游应根据旅游行程安排及旅游者的基本情况，对旅游目的地相关旅游吸引物、风土人情、法律法规等知识进行准备。

5.1.4 联络沟通

导游应按以下要求与相关接待者建立并保持有效沟通，以确保旅游接待的相关事宜得到妥善安排。

a）全陪导游：

1) 与地接社联系，核对旅游接待计划，了解接待工作安排情况；
2) 与旅游者联系，建立联系方式，提醒出发时间、地点等旅游行程注意事项；
3) 与旅游客车司机联系，确定会面时间和车辆停放位置。

b）地陪导游：

1) 落实旅游者的交通、食宿、票务、活动等事宜；
2) 确认旅游者所乘交通工具及其确切抵达时间；
3) 与旅游客车司机联系，确定会面时间和车辆停放位置。

5.2 出发与迎接服务

5.2.1 导游在执业过程中应携带电子导游证、佩戴导游身份标识，并开启导游执业相关应用软件，提前到达旅游者出发/迎接地点，持旅行社标识迎候，致欢迎词，介绍本次旅游行程，提示文明旅游等注意事项。

5.2.2 出发时，全陪导游应：

a) 礼貌地清点人数，引导旅游者乘坐约定的交通工具；
b) 发放本次旅游行程的相关资料和物资等；
c) 与地陪导游确认迎接旅游者的时间和地点。

5.2.3 抵达时，地陪导游应：

a) 及时与全陪导游或旅游者接洽，确认应接的旅游者，核实人数，提醒旅游者检查并带齐行李；
b) 引导旅游者前往旅游客车停车地点，在车门旁迎候旅游者；
c) 开车前礼貌地清点人数，并进行安全提示；
d) 行车途中，做好途中讲解，内容主要包括本地概况、沿途主要景观、相关注意事项等。

5.3 交通服务

5.3.1 乘坐交通工具时，导游应：

a) 提醒旅游者乘坐礼仪规范和安全注意事项；

b）协助旅游者办妥登机（车、船）票、安检和行李托运等相关手续，提醒旅游者不携带违禁物品；

c）听从乘务人员的安排，协助照顾旅游者的旅途生活，及时提醒旅游者如厕；

d）告知旅游者旅游客车的标志、车号、停车地点和开车时间，引导旅游者有序乘坐，提醒旅游者系好安全带；

e）在"导游专座"就坐；

f）旅游者有需要时，提供必要的帮助或协助：

交通工具不能正常运行时，与交通部门、旅行社等保持有效沟通并稳定旅游者情绪；

因公共交通工具原因滞留当地过夜时，协助相关部门安排或请示旅行社妥善安排旅游者的食宿；

旅游者在公共交通工具上发生突发情况时，配合乘务人员及时处理。

5.3.2 旅游客车在高速公路或危险路段行驶时，导游不应站立讲解。

5.4 住宿服务

5.4.1 旅游者抵达饭店时，导游应按以下要求协助办理住店手续，妥善处理入住过程中出现的问题，提醒安全注意事项。

a）全陪导游：

1）做好分房方案，并按照方案协助旅游者办理入住登记手续；

2）掌握地陪导游和旅游者的房间号，并告知自己的房间号。

b）地陪导游：

1）与饭店保持有效沟通和联系，落实住宿安排；

2）告知旅游者饭店名称、位置、基本设施和周边设施，饭店住店手续、有关服务项目、收费标准和注意事项，饭店内就餐形式、地点、时间和注意事项，当天或次日游览活动的安排和集合的时间、地点；

3）若留宿饭店，将房间号告知全陪导游，并掌握全陪导游和旅游者的房间号；

4）根据需要安排次日的叫早服务。

5.4.2 离店当天，地陪导游应做好以下工作，全陪导游应予以协助：

a）协助旅游者办理退房手续、结清有关自费项目费用；

b）提醒旅游者携带证件和行李等个人物品。

5.5 用餐服务

5.5.1 地陪导游应按照旅游合同的约定安排用餐，对合同中旅游者的特殊用餐要求，应提前掌握并做出相关安排。全陪导游应对此实施监督和协助。

5.5.2 就餐时，地陪导游应：

a）提前与餐厅联系，核实订餐情况；

b）简单介绍餐厅和菜肴特色；

c）引导旅游者到餐厅入座并介绍有关设施；

d）引导旅游者文明用餐、使用公筷公勺，提倡"厉行节约，反对浪费"；

e）关注用餐情况，解答旅游者在用餐过程中的提问，解决出现的问题。

5.6 游览服务

5.6.1 在游览前，导游应以旅游合同约定的旅游接待计划为准，核实旅游行程，告知旅游者与游览相关的注意事项。

5.6.2 在游览过程中，导游应注意旅游者动向，及时提醒旅游者如厕，特别关注老年人、未成年人、残疾人等特殊人群；工作时间不吸烟、不酗酒；旅游者人数超过10人时持导游旗，并保持旗杆直立，旗面位于旅游者易辨识的方位，不应使用过多或造型怪异的挂饰；暂不使用导游旗时，妥善放置，不应垫坐、玩耍等。导游应按以下要求提供游览服务。

a）全陪导游：

1）与当地保持有效沟通，全面落实旅游接待计划，并监督当地服务适时到位，如遇现场难以解决的问题，及时请示组团社；

2）适时向地接社和地陪导游提出相应的建议和意见；

3）在乘坐交通工具向异地行进途中，适时组织健康的文化娱乐活动或专题讲解。

b）地陪导游：

1）提前到达集合地点，并督促司机做好出发前的各项准备工作；

2）旅游者出发前清点人数；

3）向旅游者告知当日天气情况和旅游行程安排；

4）在抵达旅游目的地前，向旅游者介绍本地的风土人情、自然和人文景观及游览旅游目的地的概况；

5）在抵达旅游目的地时，告知旅游者在旅游目的地的停留时间，参观游览结束后的集合时间和地点及游览过程中的注意事项；

6）在旅游目的地游览过程中，讲解旅游目的地的历史背景、特色、地位和价值等内容；

7）在返程途中，询问旅游者对当日活动安排的意见，回答旅游者的提问，并预报次日的旅游行程、出发时间及其他相关事项。

5.7 购物服务

导游应严格按照旅游合同的约定安排购物活动，不应向旅游者兜售物品或诱导、欺骗、强迫、变相强迫旅游者购物。购物时，导游应：

a）向旅游者客观介绍当地特色商品的主要品种和特色；

b）提醒旅游者不应购买、携带违禁物品；

c）必要时，向旅游者提供购物过程中所需要的服务，包括翻译、介绍托运手续等。

5.8 文化娱乐服务

旅游者参加旅游合同约定的文化娱乐活动时，导游应：

a）陪同前往并简要介绍文化娱乐活动内容和特点；

b）按时组织旅游者入场，倡导旅游者文明参与活动；

c）告知旅游者活动结束后的集合时间和地点；

d）提醒旅游者在文化娱乐活动场所注意人身和财物安全，并采取必要的防范措施；

e）活动结束时提醒旅游者不要遗留物品并有序退场。

5.9 送行服务

离站送客时，导游应致欢送词，并征求旅游者对旅游接待服务的意见。导游应按以下要求提供送行服务。

a）全陪导游：

1）协助地陪导游做好离站服务；

2）提醒旅游者清点行李、妥善保管随身携带的证件和贵重物品；

3）引导旅游者在候机楼（候车室、候船室）休息等候，并按机场（火车站、码头）的安排组织乘机（车、船）。

b）地陪导游：

1）提前确认或落实联程/返程交通票据，以确保旅游者能按时启程；

2）带领旅游者提前抵达机场（火车站、码头）；

3）协助旅游者办妥登机（车、船）票、安检和行李托运等相关手续。

5.10 后续工作

5.10.1 处理遗留问题

导游应认真、妥善处理旅游者留下的问题，包括行李延误、破损、遗失的协助处理和保险报案取证的协助处理等，按有关规定办理旅游者临行前托办的事项。必要时向旅行社请示。

5.10.2 总结工作

导游服务工作完成后，导游应：

a）做好工作总结，若接待过程中发生重大事故，详细报告事件经过和处理结果，提交相关证明材料；

b）按照财务规定结清有关账目；

c）归还所借旅行社的物品。

6 入出境导游服务特别要求

6.1 入境游导游服务特别要求

接待入境旅游者的导游除应按照导游服务要求提供相应服务外，还应向旅游者：

a）介绍旅游行程的主要内容、中国概况，说明外币兑换手续，并提示相关注意事项，包括中国关于宗教活动应当在宗教活动场所进行等相关法律法规规定、旅游行程安全、文明旅游、风俗习惯、购物退税等；

b）说明中国海关的有关规定，介绍办理出境手续的程序，包括行李托运的要求等，必要时可协助旅游者办理离境通关手续。

6.2 出境游领队服务特别要求

领队应按 GB/T 31385 的要求提供相应服务。

7 突发事件和常见问题的处理

7.1 处理原则

导游处理突发事件和常见问题应遵循以下原则：

a）以人为本，救援第一：以保障旅游者生命安全和身体健康为根本目的，尽一切可能为旅游者提供或协助提供救援、救助服务；

b）及时报告，加强沟通：立即向旅行社报告突发事件或问题发生情况，请求指示，并保持信息畅通，以便随时沟通与联系，情况紧急或发生重大、特别重大旅游突发事件时，依法直接向有关部门报告；

c）依法依约，合理可能：依照法律法规或合同约定处理突发事件和常见问题，并满足旅游者合理且可能实现的等求。

7.2 处理规范

7.2.1 旅游合同的变更或解除

7.2.1.1 旅游过程中，旅游者提出变更合同的要求时，导游应婉拒，特殊情况请示旅行社核定。旅行社同意变更的，导游应按旅行社要求与旅游者签订书面合同。

7.2.1.2 因不可抗力或旅游经营者已尽合理注意义务仍不能避免的事件，影响旅游行程而需要变更合同时，导游应向旅游者做好解释工作，及时将旅游者的意见反馈给旅行社，并按旅行社的安排执行。

7.2.1.3 旅游过程中，能游者出现下列情形之一的，导游应立即向旅行社报告：

a）患有传染病等疾病，可能危害其他旅游者健康和安全的；

b）携带危害公共安全的物品且不同意交有关部门处理的；

c）从事违法或违反公序良俗活动的；

d）从事严重影响其他旅游者权益的活动，且不听劝阻、不能制止的；

e）法律规定的其他情形。

7.2.1.4 旅行社依法解除合同的，导游应向旅游者做好解释工作，并协助旅游者返回出发地或旅游者指定的合理地点，同时保留相关证据。

7.2.2 丢失证件或物品

旅游者丢失证件或物品时，导游应稳定旅游者情绪，详细了解丢失情况，协助寻找，同时报告旅行社，并按以下要求处理。

a）旅游者在境内丢失证件或物品时，由旅行社开具丢失证明，导游应协助旅游者向公安机关报失：

1）丢失证件的，开具身份证明；

2）丢失物品的，开具物品遗失证明，以备向保险公司申请办理理赔事宜。

b）旅游者在境外丢失证件或物品时，领队应：

1）丢失证件的，协助旅游者向当地警方报失，在取得丢失证明后向中国驻当地使领馆或政府派出机构等有关证件办理部门申请新证件，办理相关离境手续；

2）丢失物品的，由当地旅行社开具丢失证明，协助旅游者向当地警方报失，开具物品遗失证明，以备离境时海关查验或向保险公司申请办理理赔事宜。

7.2.3 丢失行李或行李损坏

7.2.3.1 旅游者丢失行李或行李报坏时，导游应稳定旅游者情绪，详细了解丢失或损坏情况，同时报告旅行社，并按以下要求处理：

a）查明丢失行李或行李损坏的运输区间，协助旅游者办理报失或报损登记手续；

b）将旅游者后续旅游行程安排告知承运人，同时在旅游过程中，应与承运人保持联系与沟通，督促承运人及时查找丢失行李，非运输期间丢失行李的，参照 7.2.2 处理；

c）在查找丢失行李期间，协助旅游者购置生活必需品，提示其保留发票等购货凭证，并协助旅游处理索赔事宜；

d）可以确认责任者的，协助旅游者向责任方索赔，并办理相关事宜；难以确认责任者的，协助旅游者开具有关证明，以便向保险公司申请办理理赔事宜，并视情况向有关部门报告。

7.2.3.2 旅游者在境外机场丢失行李或行李损坏的，领队应及时协助旅游者通过机场的行李查询台或承运人的行李服务柜台查询和申报，并视丢失行李是否找回或行李损坏情况办理相关索赔或理赔事宜。

7.2.4 旅游者走失

7.2.4.1 导游在发现旅游者走失后，应按以下要求处理：

a）向其他旅游者了解情况，并由全陪导游安排旅游者随行亲朋或团队代表与其共同寻找旅游者，同时与景区、住宿经营者等可能有线索的相关接待者联系，地陪导游带团继续游览；

b）及时向旅行社报告，反映旅游者走失详细情况，取得指导与帮助，并通知走失旅游者家属；

c）走失 24 小时仍未找到的，立即向走失地公安机关报案，寻求帮助；

d）旅游者是老年人、未成年人，残疾人等特殊人群的，立即报警。

7.2.4.2 旅游者走失发生在境外的，领队应及时向当地警方报案，并向中国驻当地使领馆或政府派出机构报告，在其指导下全力做好旅游者走失的应对处置工作。

7.2.5 自然灾害

7.2.5.1 当旅游者遭遇自然灾害，导游应沉着应对，并按以下要求处理：

a）及时报警并向旅行社报告，同时向旅游者预警，引导旅游者采取相应的安全防范措施，立刻带领旅游者撤离灾区；

b）旅游者遭受人身损害的，根据现场的条件，引导旅游者开展自救和互救，防范二次伤害，等待救援；

c）稳定旅游者情绪，及时将事件发生的时间、地点、原因、经过等情况报告旅行社和相关部门，取得指导和帮助。

7.2.5.2 在境外因自然灾害导致旅游者伤亡的，领队应及时向中国驻当地使领馆或政府派出机构报告，并在其指导下全力做好事故应对处置工作。

7.2.6 旅游者伤病、病危或死亡

7.2.6.1 旅游者伤病

旅游者意外受伤或患病时，导游应及时了解情况，不应擅自给患者用药。如有需要，应陪同患者前往医院就诊，并按规定履行报告义务，同时协助旅游者向保险公司办理理赔事宜。

7.2.6.2 旅游者病危

7.2.6.2.1 旅游者病危时，导游应立即拨打急救电话求救，或协同患者亲友送病人去医疗急救机构或医院抢救，或请医生前来抢救，并及时报告旅行社。

7.2.6.2.2 患者如系国内外急救组织的投保者，应协助旅游者及时与该组织的代理机构联系，并报告旅行社。

7.2.6.2.3 在抢救过程中，导游应按以下要求处理：

a) 详细记录患者患病前后的症状和治疗情况，尽量保留相关诊断治疗证明副本，患者亲友同团的，要求其在场；

b) 随时向旅行社反映情况并及时通知或提请旅行社通知患者亲属；

c) 如患者系外籍人士，协助患者通知其所在国驻华使领馆；

d) 妥善安排好其他旅游者的活动，地陪导游带团继续游览。

7.2.6.2.4 旅游者病危发生在境外的，领队应及时向中国驻当地使领馆或政府派出机构报告，并在其指导下，全力做好旅游者抢救工作。

7.2.6.3 旅游者死亡

7.2.6.3.1 导游应立即向旅行社报告，由地接社按照国家有关规定做好善后工作，同时应稳定其他旅游者情绪，并继续做好其他旅游者的接待工作。

7.2.6.3.2 旅游者非正常死亡的，导游应注意保护现场，并及时向当地公安机关报案。

7.2.6.3.3 旅游者死亡发生在境外的，领队应及时向当地警方报案，同时向中国驻当地使领馆或政府派出机构报告，并按旅行社的安排处理相关事宜。

7.2.6.3.4 导游应协助旅游者家属向保险公司办理理赔事宜。

7.2.7 旅游者食物中毒

7.2.7.1 当旅游者发生食物中毒时，导游应按以下要求处理：

a) 立即与当地医疗机构联系救助事宜，并设法催吐，同时对食品进行留样，取得旅游者呕吐物的样本；

b) 将旅游者送至医疗急救机构或医院进行救治，并保留相关证据；

c) 及时向旅行社及其所在地旅游主管部门，发生地旅游主管部门和疾病预防控制机构报告，反映旅游者食物中毒的详细情况。

7.2.7.2 旅游者食物中毒发生在境外的，领队应及时向中国驻当地使领馆或政府派出机构报告，并在其指导下，全力做好食物中毒应对处置工作。

7.2.8 传染病疫情

7.2.8.1 当旅游者遭遇传染病疫情时，导游应按以下要求处理：

a) 立即暂停旅游活动，在第一时间向旅行社及其所在地、疫情发生地旅游主管部门报告，并及时向附近的疾病预防控制机构报告详细情况，配合开展旅游者防疫、安抚和宣传解释工作；

b) 有关部门认为应对旅游者进行防疫检查的，立即将旅游者送至当地疾病预防控制机构或有关部门指定的其他场所；

c) 经查旅游者确患传染病的，遵照当地有关疫情防控指引和要求，配合相关部门和单位做好旅游者隔离、密切接触者追踪或采取其他措施，并通知其亲属；

d) 关注目的地疫情防控动态，宜根据疫情发展情况，按旅行社的安排，调整或变更旅游行程；

e) 如患者系外籍人士，由我国公安机关令其提前出境的，协助患者办理相关离境手续。

7.2.8.2 传染病疫情发生在境外的，领队应及时向中国驻当地使领馆或政府派出机构报告，并在其指导下，全力做好传染病疫情应对处置工作。

7.2.9 社会骚乱等群体性事件

7.2.9.1 当旅游者遭遇社会骚乱等群体性事件时，导游应按以下要求处理：

a）立即向旅行社报告，反映旅游者遭遇群体性事件的详细情况，并向旅游者预警，引导旅游者采取相应的安全防范措施，同时配合现场警务人员指挥，组织旅游者有序撤离事发区域，若无警务人员现场指挥，立刻带领旅游者撤离事发区域；

b）旅游者人身、财物受到威胁的，根据现场条件，引导旅游者开展自救和互救，并及时带领旅游者脱离险境，全力保护旅游者的人身和财物安全；

c）稳定旅游者情绪，视情况变更或取消旅游行程，取消旅游行程的，协助旅游者返回出发地或旅游者指定的合理地点。

7.2.9.2 当旅游者遭遇社会骚乱等群体性事件发生在境外的，领队应及时向中国驻当地使领馆或政府派出机构报告，并在其指导下，将旅游者妥善转移至安全区域，全力做好群体性事件的应对处置工作。

7.2.10 接待纠纷

当导游与旅游者或旅游者与接待者发生接待纠纷时，导游应按以下要求处理：

a）遵循旅游合同，防止矛盾扩大化，处理问题讲求有理、有利、有节，稳定旅游者情绪，引导旅游者理性维权；

b）做好书面记录，保存书证、物证、电子数据等证据；

c）及时向旅行社报告，反映接待纠纷的详细情况，并按旅行社要求采取必要的措施；

d）尽量保障后续旅游行程的执行，维护旅游者和旅行社的合法权益。

8 导游服务质量评价与改进

8.1 评价

8.1.1 在旅游行程结束后，应对导游服务能力、服务表现、入出境服务进行评价，并将旅游者满意度评价和聘用导游单位考核评价相结合，通过导游服务质量评价表（见附录A）或其他有效的信息获取途径，采用适当的统计方法，客观反映导游服务质量。

8.1.2 旅游行程中发生突发事件和常见问题的，应对导游的处理情况进行评价，并将旅游者满意度评价和聘用导游单位考核评价相结合，通过导游服务质量评价表（见附录A）或其他有效的信息获取途径，采用适当的统计方法，客观反映导游对突发事件和常见问题的处理规范性。

8.2 改进

8.2.1 导游应主动了解旅游者和聘用导游单位的评价结果，对服务中存在的质量问题、旅游者的投诉与意见建议，分析原因，及时整改。

8.2.2 导游应不断总结、交流带团经验，参加继续教育培训学习，提高自己的业务知识和操作技能，通过学习考核和实操锻炼获得更高的职业等级。

《导游人员管理条例》

（1999年5月14日中华人民共和国国务院令第263号发布，根据2017年10月7日《国务院关于修改部分行政法规的决定》修订）

第一条　为了规范导游活动，保障旅游者和导游人员的合法权益，促进旅游业的健康发展，制定本条例。

第二条　本条例所称导游人员，是指依照本条例的规定取得导游证，接受旅行社委派，为旅游者提供向导、讲解及相关旅游服务的人员。

第三条　国家实行全国统一的导游人员资格考试制度。

具有高级中学、中等专业学校或者以上学历，身体健康，具有适应导游需要的基本知识和语言表达能力的中华人民共和国公民，可以参加导游人员资格考试；经考试合格的，由国务院旅游行政部门或者国务院旅游行政部门委托省、自治区、直辖市人民政府旅游行政部门颁发导游人员资格证书。

第四条　在中华人民共和国境内从事导游活动，必须取得导游证。

取得导游人员资格证书的，经与旅行社订立劳动合同或者在相关旅游行业组织注册，方可持所订立的劳动合同或者登记证明材料，向省、自治区、直辖市人民政府旅游行政部门申请领取导游证。

导游证的样式规格，由国务院旅游行政部门规定。

第五条　有下列情形之一的，不得颁发导游证：

（一）无民事行为能力或者限制民事行为能力的；

（二）患有传染性疾病的；

（三）受过刑事处罚的，过失犯罪的除外；

（四）被吊销导游证的。

第六条　省、自治区、直辖市人民政府旅游行政部门应当自收到申请领取导游证之日起15日内，颁发导游证；发现有本条例第五条规定情形，不予颁发导游证的，应当书面通知申请人。

第七条　导游人员应当不断提高自身业务素质和职业技能。

国家对导游人员实行等级考核制度。导游人员等级考核标准和考核办法，由国务院旅游行政部门制定。

第八条　导游人员进行导游活动时，应当佩戴导游证。

导游证的有效期限为3年。导游证持有人需要在有效期满后继续从事导游活动的，应当在有效期限届满3个月前，向省、自治区、直辖市人民政府旅游行政部门申请办理换发导游证手续。

第九条　导游人员进行导游活动，必须经旅行社委派。

导游人员不得私自承揽或者以其他任何方式直接承揽导游业务，进行导游活动。

第十条　导游人员进行导游活动时，其人格尊严应当受到尊重，其人身安全不受侵犯。

导游人员有权拒绝旅游者提出的侮辱其人格尊严或者违反其职业道德的不合理要

求。

第十一条　导游人员进行导游活动时，应当自觉维护国家利益和民族尊严，不得有损害国家利益和民族尊严的言行。

第十二条　导游人员进行导游活动时，应当遵守职业道德，着装整洁，礼貌待人，尊重旅游者的宗教信仰、民族风俗和生活习惯。

导游人员进行导游活动时，应当向旅游者讲解旅游地点的人文和自然情况，介绍风土人情和习俗；但是，不得迎合个别旅游者的低级趣味，在讲解、介绍中掺杂庸俗下流的内容。

第十三条　导游人员应当严格按照旅行社确定的接待计划，安排旅游者的旅行、游览活动，不得擅自增加、减少旅游项目或者中止导游活动。

导游人员在引导旅游者旅行、游览过程中，遇有可能危及旅游者人身安全的紧急情形时，经征得多数旅游者的同意，可以调整或者变更接待计划，但是应当立即报告旅行社。

第十四条　导游人员在引导旅游者旅行、游览过程中，应当就可能发生危及旅游者人身、财物安全的情况，向旅游者作出真实说明和明确警示，并按照旅行社的要求采取防止危害发生的措施。

第十五条　导游人员进行导游活动，不得向旅游者兜售物品或者购买旅游者的物品，不得以明示或者暗示的方式向旅游者索要小费。

第十六条　导游人员进行导游活动，不得欺骗、胁迫旅游者消费或者与经营者串通欺骗、胁迫旅游者消费。

第十七条　旅游者对导游人员违反本条例规定的行为，有权向旅游行政部门投诉。

第十八条　无导游证进行导游活动的，由旅游行政部门责令改正并予以公告，处1000元以上3万元以下的罚款；有违法所得的，并处没收违法所得。

第十九条　导游人员未经旅行社委派，私自承揽或者以其他任何方式直接承揽导游业务，进行导游活动的，由旅游行政部门责令改正，处1000元以上3万元以下的罚款；有违法所得的，并处没收违法所得；情节严重的，由省、自治区、直辖市人民政府旅游行政部门吊销导游证并予以公告。

第二十条　导游人员进行导游活动时，有损害国家利益和民族尊严的言行的，由旅游行政部门责令改正；情节严重的，由省、自治区、直辖市人民政府旅游行政部门吊销导游证并予以公告；对该导游人员所在的旅行社给予警告直至责令停业整顿。

第二十一条　导游人员进行导游活动时未佩戴导游证的，由旅游行政部门责令改正；拒不改正的，处500元以下的罚款。

第二十二条　导游人员有下列情形之一的，由旅游行政部门责令改正，暂扣导游证3至6个月；情节严重的，由省、自治区、直辖市人民政府旅游行政部门吊销导游证并予以公告：

（一）擅自增加或者减少旅游项目的；

（二）擅自变更接待计划的；

（三）擅自中止导游活动的。

第二十三条　导游人员进行导游活动，向旅游者兜售物品或者购买旅游者的物品的,或者以明示或者暗示的方式向旅游者索要小费的,由旅游行政部门责令改正,处1000元以上3万元以下的罚款;有违法所得的,并处没收违法所得;情节严重的,由省、自治区、直辖市人民政府旅游行政部门吊销导游证并予以公告;对委派该导游人员的旅行社给予警告直至责令停业整顿。

第二十四条　导游人员进行导游活动,欺骗、胁迫旅游者消费或者与经营者串通欺骗、胁迫旅游者消费的,由旅游行政部门责令改正,处1000元以上3万元以下的罚款;有违法所得的,并处没收违法所得;情节严重的,由省、自治区、直辖市人民政府旅游行政部门吊销导游证并予以公告;对委派该导游人员的旅行社给予警告直至责令停业整顿;构成犯罪的,依法追究刑事责任。

第二十五条　旅游行政部门工作人员玩忽职守、滥用职权、徇私舞弊,构成犯罪的,依法追究刑事责任;尚不构成犯罪的,依法给予行政处分。

第二十六条　景点景区的导游人员管理办法,由省、自治区、直辖市人民政府参照本条例制定。

第二十七条　本条例自1999年10月1日起施行。1987年11月14日国务院批准、1987年12月1日国家旅游局发布的《导游人员管理暂行规定》同时废止。

参 考 文 献

[1] 全国导游资格考试统编教材专家. 导游业务[M]. 北京：中国旅游出版社，2024.
[2] 傅远柏. 模拟导游[M]. 2版. 北京：清华大学出版社，2022.
[3] 冷奇伟. 模拟导游实训教程[M]. 北京：北京理工大学出版社，2024.
[4] 陈波. 模拟导游[M]. 3版. 北京：旅游教育出版社，2024.
[5] 张志强. 导游带团实战案例精讲与解析[M]. 北京中国旅游出版社，2022.
[6] 王琦琴. 项目教学法在中职旅游管理专业教学中的应用研究——以《地陪导游实务》为例[D]. 桂林：广西师范大学，2020.